VIBHOR KUMAR SINGH

Wiedersehen im Shangri-La

Wie ein Mönch und ein Milliardär
den Sinn des Lebens fanden

nymphenburger

Aus dem Englischen übersetzt von Deborah Druba.

INHALT

DANKSAGUNG

Erst, wenn man sich tatsächlich hinsetzt, um ein Buch zu schreiben, merkt man, dass das ein Projekt ist, das viel mehr als nur kreative Fähigkeiten erfordert. Mein Weg von der Idee bis zur Veröffentlichung war lang und voller Umwege, aber er wurde durch all die Menschen, die mich unterstützt, inspiriert und ermutigt haben, unvergesslich und sehr angenehm.

Ich bin meiner Mutter, Kunwarani Meena Singh, dankbar für ihre Anleitung, ihren Segen und ihre unbeirrte Ermutigung, in allen Bereichen des Lebens nach Spitzenleistungen zu streben.

Ich bin Rahul Chaudhary, Neil Pickering, Anil Nayar und Dr. Ridha Singh Gupta dankbar, dass sie mir als erste Leser des Textes wertvolle Anregungen gegeben haben.

Ich bin meiner Frau Shakuntala dankbar, dass sie all meine Vorhaben stets unterstützt und das unausgeglichene Verhältnis zwischen meiner Arbeit und meinem Privatleben erträgt!

Ich bin meinem Sohn Ayushraj dankbar für seine wertvollen Beiträge zu Inhalt und Form. Er war immer für ein Brainstorming zu haben.

Ich bin meiner Tochter Aaradhya dankbar, dass sie immer für ein Lächeln oder Lachen in unserem Leben sorgt.

Ich möchte mich bedanken bei Dr. Binod Chaudhary, Pankaj Dubey, Kelden Dakpa, Rakesh Mathur, S.D. Dhakal, Dr. Abhijeet Darak, Dr. Anant Gupta, Dr. Raj Ratna Darak und all meinen Mentoren, Freunden und Familienmitgliedern, die über die Jahre hinweg eine Quelle der Inspiration und des Glücks waren. Jeder von ihnen hat auf seine eigene

Art und Weise meinen Denkprozess geprägt und dieses Buch beeinflusst.

Ich möchte mich bei dem Team von Notion Press Publishing für die Unterstützung bei der Veröffentlichung des Buchs bedanken.

Und zum Schluss möchte ich dem Allmächtigen da oben danken, von dem ich fest überzeugt bin, dass er mich liebt, da er mein Leben zu einer herausfordernden, aber dennoch angenehmen Reise gemacht und mir die Möglichkeit und Kraft gegeben hat, ein erfülltes und sinnvolles Leben zu führen.

PROLOG

„Erfolg ist nicht der Schlüssel zum Glück. Glück ist der Schlüssel zum Erfolg. Wenn Sie lieben, was Sie tun, werden Sie erfolgreich sein."

ALBERT SCHWEITZER

Der Milliardär saß in der Präsidentensuite mit Blick auf den Central Park in New York und bereitete sich auf das Interview vor. Er gehörte zu den 2153 Menschen auf der Welt, die als Dollar-Milliardäre bezeichnet werden, eine aufrichtige Anerkennung menschlicher Leistung und Ausdauer. Er hatte den Titel nicht geerbt, und das machte ihn in den Augen der Welt noch außergewöhnlicher. In manchen Ländern ist das Werk von Generationen notwendig, um den Reichtum anzuhäufen, den er im Lauf seines Lebens erworben hatte. Er war stolz auf seine Leistungen.

Das Interview verlief wie erwartet. Die PR-Agentur, die er angeheuert hatte, war die beste der Welt, und sie hatte alles darangesetzt, ihn als bescheidenen und doch ehrgeizigen Menschen darzustellen – einen gewöhnlichen Mann mit großen Träumen. Manche nannten ihn den „Deal Bull". Gesegnet mit einem scharfen Verstand, der mühelos den Aktienmarkt verstand, und einem zielbewussten unternehmerischen Geschäftssinn, hatte er einen Geschäftsstil entwickelt, der unübertroffen und unschlagbar war.

Doch die letzte Frage der Interviewerin hatte ihn aus dem Tritt gebracht. Obwohl er sie in seinem typischen Stil souverän beantwortet hatte, hatte sie etwas in ihm bewegt. Die Frage hatte nicht auf der Liste gestanden, die ihm zuvor ausgehändigt worden war. Wahrscheinlich wurde sie als reine Formalität oder als eine unwichtige Bemerkung zum Abschluss betrachtet. Doch für ihn hatte diese letzte Frage jeden anderen Aspekt des Abends, ja seines ganzen Lebens, irrelevant gemacht.

„Sind Sie glücklich?", hatte die junge Frau gefragt.

Als sich der Tag dem Ende zuneigte, ließ sich der Mönch an seinem Essplatz nieder und sah gedankenverloren zu, wie der Dampf aus seiner Momo-Suppenschale aufstieg, in Spiralen tanzte und sich in der Luft auflöste. *Unbeständigkeit ist ebenfalls die Natur der menschlichen Existenz. Wir werden aus der Höchsten Seele geboren und haben nur kurz Zeit, um unser Dasein in der Welt spürbar zu machen, bevor wir wieder in der Höchsten Seele verschwinden.*

Obwohl es schon 30 Jahre her war, dass er aus dem Orden ausgetreten war und sein Mönchtum aufgegeben hatte, war er ein hoch angesehener und kenntnisreicher Mann. Die Menschen ehrten ihn immer noch mit dem Titel „Mönch".

Nach dem Abendessen verspürte der Mönch den Drang, zu seinem Guruji – dem Obersten Lama – zu gehen, um seinen Kopf freizubekommen. Etwas bedrückte ihn. Es war eine helle Nacht, beschienen von einem Mond, der sich silbern im goldenen Dach des Klosters spiegelte. Das bewies ihm in erster Linie, dass Perspektive wichtiger war als Substanz. Eine leichte Brise brachte die Kühle der Berge mit sich. Während er allein durch die steingepflasterten Straßen der schlafenden Altstadt ging, stellte er sich vor, dass wahrscheinlich in einer Nacht wie dieser ein Prinz all seine materiellen Besitztümer, irdischen Bindungen und einen prächtigen Palast zurückgelassen hatte, um den Weg der Erkenntnis zu beschreiten. Der Prinz kehrte nie zurück; stattdessen wurde der Große Buddha geboren.

Es war wahrscheinlich eine Sünde, sich mit dem Buddha zu vergleichen, aber sein Herz war in den letzten Wochen aufgewühlt gewesen und er konnte seine Emotionen in letzter Zeit nicht kontrollieren. Der Oberste Lama hatte einmal erklärt, dass alle Reisen zur Selbstfindung und zum inneren Frieden damit beginnen, die richtigen Fragen zu stellen. Heute war wahrscheinlich der Tag in seinem Leben, an dem er, dringender als Antworten, die richtige Frage brauchte. Als er in die Straße gegenüber dem Haus des Obersten Lamas einbog, sah er sich mit einem Graffiti an der Wand konfrontiert. Er las es und erstarrte. War es sein Herz, das ihm einen Streich spielte, oder war es eine göttliche Intervention? Der Mönch drehte sich um und kehrte in sein Zimmer zurück, ohne den Obersten Lama aufzusuchen.

Er hatte seine Frage gefunden. Auf der Wand standen drei Worte geschrieben:

Sind Sie glücklich?

KAPITEL 1

DER WEG NACH SHANGRI-LA

„Du kannst dich nicht auf deine Augen verlassen, wenn deine Vorstellungskraft unscharf ist."

MARK TWAIN

„Wenn Glück eine Reise ist, so ist Minimalismus der erste Schritt", sagte der Mönch zum Milliardär. Obwohl die Aussage unvermittelt und ohne jeglichen Kontext gemacht worden war, schloss der Milliardär zustimmend die Augen.

Seine Gedanken wanderten zurück zu dem Zeitpunkt, an dem sie zum ersten Mal beschlossen hatten, sich zusammenzutun. Das erste Treffen im Hotel in Kathmandu hatte für beide den Ausschlag gegeben. Der Milliardär hatte eine Gelegenheit gesehen, etwas wirklich anderes als seine üblichen Deals zu machen – ein Hotel in Shangri-La war das ultimative Trophy-Investment. Der Mönch hatte die Partnerschaft als eine Brücke gesehen, um wieder Anschluss an die materialistische Welt zu finden. Beide erkannten den wechselseitigen Nutzen ihrer Zusammenarbeit und respektierten ihn. Und heute, zwei Jahre später, wusste der Milliardär, dass er eine gewinnbringende Entscheidung getroffen hatte. Obwohl dies sein erster Besuch im Hotel war, hatten sein Team und der Mönch das Kapital effizient für das Projekt eingesetzt, und der Milliardär war zufrieden mit der Anerkennung, die dem Hotel in der Reisebranche zuteilwurde.

Anfangs hatte er sich Sorgen gemacht, dass es schwierig werden würde, einen buddhistischen Mönch als Partner zu haben. Was verstand ein Mönch schon vom Geschäft? Doch jetzt, als er die Bilanz des Hotelprojekts vor Augen hatte, erkannte der Milliardär erfreut, dass seine Bedenken überflüssig gewesen waren.

Als der Milliardär gedanklich zu der Aussage des Mönchs zurückkehrte, dachte er darüber nach, dass das Erste, das ihm als Kind eingepflanzt worden war, die Idee war, Glück mit dem Horten und Anhäufen von materiellen Gütern zu assoziieren. Die Zurschaustellung von Reichtum wurde in seiner Gesellschaft als der Schlüssel zum Glück betrachtet. Sich nicht öffentlich als reich darzustellen, wurde als Versagen angesehen. Im Grunde seines Herzens musste er jedoch zugeben, dass diese Angewohnheit des Hortens und Anhäufens nichts als Unordnung mit sich brachte und eines der Hindernisse auf dem Weg zum Glück in seinem Leben war. Vielleicht konnte der Mönch helfen?

„Minimalismus ist nicht das Gegenteil von Ehrgeiz. Man wird dadurch auch nicht zum Heiligen. Es ist die Entscheidung, mit einem Minimum an Besitz, aber mit maximalem Fokus durchs Leben zu gehen. Dahinter steht der Gedanke, dass man durch die physische Entrümpelung auch seine mentalen Schränke entrümpelt, die mit unnötigen und bedeutungslosen Objekten und Emotionen gefüllt sind", sagte der Mönch, als hätte er in den Gedanken des Milliardärs gelesen.

„Ich schätze, wenn man weniger Zeug mit sich herumschleppt, ist es einfacher, sich auf den Weg des Lebens zu machen", antwortete der Milliardär sarkastisch.

Die Fahrt durch die zerklüftete und doch friedliche tibetische Landschaft trug dazu bei, den Milliardär allmählich zu beruhigen. Es waren hektische 24 Stunden gewesen, mit Jetlag und schlechten Nachrichten, die ihn auf dieser Reise begleitet hatten. Der Telekommunikations-Deal in Kasachstan lief nicht wie geplant. Bürokratische Querelen verzögerten die endgültige Freigabe der Lizenz. Schmiergelder sollten gezahlt werden, aber der Milliardär hatte sich dem verweigert.

Der Milliardär kehrte zu seinem ursprünglichen Gedankengang zurück. Natürlich kannte er die Bedeutung des modernen Minimalismus, schließlich war dieser weltweit der letzte Schrei, und der Milliardär Nicolas Berggruen einer seiner lautstarken Verfechter. Oberflächlich betrachtet bedeutete Minimalismus, sich auf wenige physische Besitztümer zu beschränken, das zu identifizieren, was wirklich überlebenswichtig war und alles andere wegzuwerfen. Jeder materielle Besitz musste seine Nützlichkeit im täglichen Leben nachweisen. Das einzige Problem dabei war, dass er den Minimalismus für einen Lebensstil für Hippies hielt.

„Es ist viel einfacher", nahm der Mönch lächelnd den Faden des Gesprächs wieder auf. „Sobald du dich entschließt, dein Leben minimalistisch zu gestalten, wirst du nach und nach *alle* unnötigen Gepäckstücke los; du beginnst, deine wirklichen Ziele zu sehen und bekommst die Energie, sie auch effektiv zu erreichen. Es ist keine Ausrede, um vor Verantwortung davonzulaufen. Es ist kein Leben ohne Ambitionen. Es ist ganz sicher keine Entschuldigung für Faulheit! Du entscheidest dich lediglich dafür, dich auf wenige, aber wesentliche Dinge zu konzentrieren und Ablenkungen zu meiden. Dadurch kannst du Ablenkungen einfach ausschalten und kommst auf eine viel effizientere Art und Weise zum Glück."

Da hatte der Mönch eigentlich recht, dachte der Milliardär. *Einige der größten Überflieger der Gegenwart, wie Jeff Bezos, der reichste Mann des Planeten, Bill Gates, Warren*

Buffet oder das Wunderkind Mark Zuckerberg, sind berühmt für ihre Fähigkeit, ein einfaches, fokussiertes Leben zu führen. *Sie schreiben ihren Erfolg sogar der Tatsache zu, dass sie Ablenkungen ausblenden und nur das Wesentliche im Blick behalten; dies hilft ihnen tatsächlich, sich auf das große Ganze zu konzentrieren.*

„Minimalismus fördert also Ambition?", fragte der Milliardär neugierig. Der Himmel hatte begonnen, sich mit bedrohlichen Wolken zu überziehen. Es regnete selten in diesem Teil der Welt, aber der Tanz der Wolken war immer ein großartiges Spektakel.

„Ja, wenn wir vom physischen Aspekt des Minimalismus zur mentalen Akzeptanz des Minimalismus übergehen, gibt uns das die Freiheit, uns auf das Wesentliche zu konzentrieren. In Wirklichkeit ist der einzige Grund, warum wir weiterhin mit einer Menge an überflüssigem Zeug leben, der, dass wir Angst haben, loszulassen. Wir denken, dass wir das, was heute nutzlos ist, eines Tages wieder brauchen könnten. Unsere Angst und Unsicherheit sind die wichtigsten Gründe, warum wir uns gegen den Minimalismus sträuben. Wir haben das Gefühl, dass die Gesellschaft auf uns herabschauen wird, dass unser soziales Ansehen Schaden nehmen wird und dass unser Ehrgeiz und unsere Träume verkümmern werden, sobald wir uns dem Minimalismus verschreiben." Die letzten Sätze des Mönchs waren dazu gedacht, dem Milliardär zu helfen, die richtige Entscheidung zu treffen. Der Milliardär verstand, und brachte ein schwaches Lächeln hervor.

Überraschenderweise hatte inzwischen ein Nieselregen eingesetzt. Der Mönch kurbelte die Autofenster herunter, und der erdige Duft von Wasser, das auf ausgetrockneten Boden fällt, erfüllte das Auto. Es war berauschend. „Komisch, wir mögen uns nach Ländern und Rassen unterscheiden, aber überall riecht Petrichor gleich", murmelte der Milliardär vor sich hin. Der Mönch hörte es.

„Ja, die Menschen sortieren in Schubladen, die Natur nicht."

„Also, dann sag mir mal, wie ich Minimalismus praktizieren soll, ohne mein Bankguthaben aufgeben zu müssen?", fragte der Milliardär. Philanthropie war nicht seine Stärke, und er hatte nicht die Absicht, sein hart verdientes Vermögen für wohltätige Zwecke zu spenden.

„Minimalismus bedeutet nicht, dass du dich von deinem Kontostand verabschieden musst, Partner; der kann davon sogar profitieren!" sagte der Mönch mit einem Augenzwinkern und einem Lächeln. „Lass mich mal die Hauptkomponenten des Minimalismus erklären, so wie ich sie verstehe: Ich glaube, dass der Weg zum Glück damit beginnt, etwas Gepäck abzulegen. Aber anders als der Große Buddha müssen wir nicht völlig der Welt entsagen. Das ist der Punkt, über den mein Guruji im Kloster und ich uns oft streiten. Ich bin gegen den totalen Verzicht und möchte das Glück in der Welt finden, nicht abseits der Welt. Ich sehe den Minimalismus als den ersten Schritt zu meinem Ziel, dem Glück." Der Mönch war jetzt ernsthaft. „Ich habe viel darüber nachgedacht und versucht, über den Minimalismus die Antwort auf die Frage nach dem Glück zu finden. Vielleicht bin ich der Sache schon nähergekommen, aber so ganz sicher bin ich mir nicht. Vielleicht können wir ja gemeinsam darüber nachdenken? Hol doch mal mein Notizbuch raus; ich habe meine Gedanken dazu aufgeschrieben", sagte der Mönch und deutete auf das Handschuhfach.

Der Milliardär fand das Notizbuch und schlug es auf. Auf der ersten Seite befand sich das Foto des Dalai Lama. Da es verboten ist, sein Foto bei sich zu tragen, verstecken die meisten Tibeter das Bild Seiner Heiligkeit unter ihren Alltagsgegenständen. Auf der dritten Seite war das Folgende gekritzelt:

1. Minimalismus gilt sowohl für gegenständliches als auch für emotionales Gepäck.

2. Physischer Minimalismus ist der erste Schritt zum mentalen und emotionalen Glück.

3. Der Mensch ist einfallsreich und kann Wege finden, mit weniger (Besitz) und mehr (Innerlichkeit) zu leben.

4. Minimalismus fördert unsere Ambitionen, indem er uns hilft, uns zu konzentrieren.

5. Das größte Geschenk des Minimalismus ist die freie Zeit, die dadurch entsteht und genutzt werden kann, um uns mit dem zu beschäftigen, was sinnvoll ist.

6. Minimalismus ist gut für unseren Planeten. Minimalismus zu praktizieren ist unsere Art, einen Beitrag zu leisten.

7. Trage nicht die Last der Welt auf deinen Schultern.

Der Milliardär las die Seite erneut und fügte nach kurzem Überlegen Folgendes hinzu:

8. Gespartes Geld ist verdientes Geld.

9. Denk daran, dass wir nicht zu Heiligen werden, indem wir Minimalismus betreiben; wir wählen nur unsere Bestrebungen und Ziele sorgfältig aus.

10. Mach nicht mit beim Konsum, das ruiniert sowohl deinen Geldbeutel als auch dein Glück.

Der Milliardär konnte sich ein Lächeln nicht verkneifen, als er bemerkte, dass er die Worte mit seinem neuesten Montblanc-Füller geschrieben hatte. Wie ironisch!

„Ich habe eine Idee. Ich bin für drei Wochen hier. Da ich hier nicht in Arbeit versinke, werde ich wohl Zeit haben, zur Abwechslung mal über etwas anderes nachzudenken. Lass uns jeder eine Liste von Dingen aufschreiben, die Glück in unser Leben bringen, und am letzten Tag dieser Reise schauen wir sie uns gemeinsam an. Was hältst du davon?", fragte der Milliardär begeistert.

„Das klingt super; dann kann ich endlich mal jemandem meine Ansichten über Glück mitteilen und von ihm etwas über Glück lernen, und noch dazu von einem knallharten Kapitalisten." Beide brachen in Gelächter aus.

KAPITEL 2

ALLES FÄNGT IM KOPF AN

„Um sich guter Gesundheit zu erfreuen, um seiner Familie ein wahres Glück zu sein, um der Welt Frieden zu bringen, muss man zuerst seinen Geist disziplinieren und kontrollieren. Wenn ein Mensch in der Lage ist, seinen Geist zu kontrollieren, kann er den Weg zur Erleuchtung finden, und alle Weisheit und Tugend wird sich ihm ganz natürlich erschließen."

BUDDHA

Die chinesische Regierung hatte im Jahr 2001 das verschlafene Dorf Zhongdian in das mythische Shangri-La des Verlorenen Horizonts umbenannt. Es war ein brillanter Marketingplan, um ein brandneues Tourismusziel aufzubauen und die westliche Welt die Gelassenheit und Ruhe Tibets erleben zu lassen. Die Wahl war auf Zhongdian gefallen, weil es alle drei Elemente besaß, die im Roman von James Hilton erwähnt wurden – eine atemberaubend schöne, typisch tibetische Landschaft, die Überreste eines Kampfflugzeugs aus dem Zweiten Weltkrieg, die in der Nähe der Dorfgrenze entdeckt worden waren, und das bezaubernde Kloster Songtsen Ling. Womöglich war Zhongdian tatsächlich das Shangri-La, das James Hilton beschrieben hatte?

Der Milliardär hatte von dem Projekt in Shangri-La gelesen und sich auf die erste Gelegenheit, ein Joint Venture mit dem Mönch zu starten, gestürzt. Letzterer war ihm von seinen Kontakten in der chinesischen Regierung als sehr umtriebig empfohlen worden. Es handelte sich zwar nur um ein kleines Hotel, aber die Vorstellung, als erster dort Fuß zu fassen, kam dem Ego des Milliardärs sehr zugute.

———

Der Milliardär liebte seinen morgendlichen Chai. Süßer Masala Chai war sein Lieblingsgetränk. *Kaffeetrinker sind immer Prahlhälse, denen man nicht vertrauen kann. Chai-Trinker hingegen stehen mit beiden Beinen fest auf der Erde und sind vertrauenswürdig.*

Der heutige Morgen war anders. Jetzt, wo er begonnen hatte, die Welt aus dem Blickwinkel des Minimalismus zu betrachten, wurde ihm die Schönheit eines leicht bepackten Lebens klar.

Seiner Überzeugung nach war der menschliche Geist das mächtigste Werkzeug, das uns zur Verfügung stand. Der Milliardär wusste, dass aus wissenschaftlicher Sicht das Gehirn unser emotionales Wohlbefinden durch die Freisetzung von Neurotransmittern wie Dopamin und Serotonin steuert, die ein Glücksempfinden auslösen. Auch alle anderen Emotionen wie Furcht, Angst, Schmerz und Depression entstehen im Gehirn und können vom Gehirn selbst unterdrückt werden. Unsere Gedanken, Vorstellungen, Entscheidungen und Handlungen liegen alle im Einflussbereich unseres Verstandes. Aufgrund dieser wesentlichen physiologischen Rolle hängt unser Glücksquotient mit unserem Geisteszustand zusammen. Aber theoretisches Wissen ist nicht so einfach zu beherzigen.

Nach der gestrigen Diskussion hatte er erkannt, wie wichtig es ist, seinen Geist zu entrümpeln und das Durcheinander dort durch einen Hort des Glücks zu ersetzen, um nachhaltige Freude und Glück zu erlangen – eine Art Glücksresort, so entspannend wie das Hotel, das er in Shangri-La gebaut hatte.

„Hast du gut geschlafen?" Die Frage des Mönchs schreckte den Milliardär aus seinen Gedanken auf. „Ich hoffe, dein Zimmer war warm genug?"

„Ja, alles prima; die Schweizer haben das super hingekriegt mit der Fußbodenheizung. Ich werde meinem Büro noch heute Nachmittag eine E-Mail schicken, damit wir uns offiziell beim Chef bedanken. Aber ich habe über unsere gestrige Diskussion über Minimalismus nachgedacht. Minimalismus ist in Ordnung, aber ich denke, dass es noch andere Kriterien zum Glücklichsein gibt. Denn wenn das Glück nur im Minimalismus läge, wäre die Welt schon längst zum Stillstand gekommen und die Menschheit hätte nie irgendwelche Fortschritte gemacht. Erscheint dir das einleuchtend?"

Der Mönch hatte nicht erwartet, dass ein Milliardär als allererstes am Morgen an Minimalismus dachte. Aber durch jahrelangen Umgang mit wissbegierigen Menschen verstand er die Gedanken, die sich im Kopf des Milliardärs jagten. „Da gebe ich dir recht. Glück ist mehr als nur Minimalismus. Erst letzte Woche habe ich ein wirklich interessantes älteres amerikanisches Ehepaar getroffen und einige sehr tiefgreifende Einblicke in seine Lebenserfahrungen erhalten. Lass uns das beim Frühstück besprechen, ja?"

Sowohl der Milliardär als auch der Mönch frühstückten gerne reichlich. Da beide in ihren ersten Lebensjahren an Mangel gelitten hatten, betrachteten sie das Mittagessen als Luxus. Also war das Frühstück immer eine ausgiebige Angelegenheit.

„Herr und Frau Fanning sind genau wie du Unternehmer in der ersten Generation und besitzen mehrere Ölplattformen in Texas. Sie sind ungefähr Anfang 70 und waren hier, um ihren vierzigsten Hochzeitstag zu feiern. Was mich an ihnen faszinierte, war die Aura des Glücks, die sie umgab. Auch die Disziplin, die sie selbst in diesem Alter noch an den Tag legten, war bemerkenswert. All ihre Aktivitäten, ob Freizeit oder Mahlzeiten, folgten einem strikten Zeitplan. Maßvollen Genuss würde ich das nennen.

Also habe ich Herrn Fanning gefragt, wie er es schafft, diese Disziplin durchzuhalten und trotzdem glücklich zu sein. ,Glück beginnt damit, dass man seine Ziele definiert und sein Leben danach ausrichtet', meinte er. ,Definiere deine Ziele. Ein wesentlicher Schritt auf dem Weg zum Glücklichsein ist es, seine Gedanken in geordnete Bahnen zu lenken. Vergessen Sie nicht: Energie fließt dahin, worauf unser Fokus gerichtet ist. Deshalb ist es unerlässlich, dass man weiß, wohin man geht, bevor man sich auf den Weg zum Glück macht, dass man sich von Unklarheiten befreit und sie durch eindeutig definierte Ziele ersetzt.'

Er erklärte mir die Regeln des ,Wie-man-an-einem-einzigen-Wochenende-seine-Ziele-setzt-Spiels', in die er sehr gerne auch andere einweiht. Es geht ungefähr so:

1. Freitag – Denke kurz vor dem Schlafengehen in Ruhe nach und schreibe die 20 wichtigsten Ziele auf, die du erreichen möchtest, egal, ob es sich um finanzielle, berufliche, soziale, körperliche oder emotionale Ziele handelt. Du musst diese Ziele nur offen und ehrlich definieren. Lege nun die Liste unter dein Kopfkissen und gehe, kurz bevor du einschläfst, die Ziele noch einmal durch.

2. Samstag – Sobald du aufwachst, streichst du fünf der unwichtigsten Ziele von der Liste, egal, in welchen Kategorien. Denke im Lauf des Tages über deine Liste nach und überlege dir, ob du noch weitere hinzufügen solltest. Am Abend, wenn du mit dir im Reinen bist, streichst du wieder fünf Ziele. Solltest du der Liste weitere Ziele hinzugefügt haben, streichst du die entsprechende An-

zahl, so dass nur noch zehn Ziele übrig sind. Schlafe auch diese Nacht mit der Liste unter dem Kopfkissen.

3. Sonntag – Sobald du aufwachst, löschst du weitere fünf. Jetzt bleiben dir nur noch fünf Ziele. Diese fünf Ziele sollten dein weiteres Leben bestimmen. Lebe mit ihnen und lebe für sie. Finde heraus, welche Fähigkeiten, Menschen und Hilfsmittel zum Erreichen dieser Ziele erforderlich sind.

4. Bevor du am Sonntag zu Bett gehst, schreibst du die Fähigkeiten, Menschen und Hilfsmittel auf, die du für jedes Ziel identifiziert hast. Lege diese endgültige Liste deiner Ziele und den Weg dorthin unter dein Kopfkissen und schlafe mit der Zufriedenheit ein, dass du die mentale Reise zum Erreichen des Glücks begonnen hast.

5. Gehe jeden Abend diese Liste durch, damit die Ziele und der Weg dorthin deine letzten Gedanken vor dem Einschlafen sind. Nach und nach wird dein Gehirn alle anderen Gedanken herausfiltern, und dein Fokus auf diese Ziele wird sich in all deinen Handlungen spürbar machen.

Sobald dieser Schritt getan ist, geht man zum nächsten über, der darin besteht, nach einer To-Do-Liste zu leben."

Der Mönch hielt inne, um einen Schluck von seinem Chai zu nehmen.

„Ich lebe auch gerne nach einer To-Do-Liste!" unterbrach der Milliardär mit fast kindlicher Begeisterung. „Man kann den Nutzen einer To-Do-Liste für die Produktivität gar nicht hoch genug einschätzen. Sie ist ein wichtiges Werkzeug, das uns hilft, das Unwichtige loszuwerden und sich auf das

Notwendige zu konzentrieren. Am besten erstellt man seine To-Do-Liste morgens, damit man seinen Tag nach ihr planen kann. Morgens ist der Geist noch ausgeruht und besser fähig, eine 360-Grad-Perspektive des bevorstehenden Tages einzunehmen. Eine zu lange Liste birgt die Gefahr, ihren Nutzer zu entmutigen. Daher ist es am besten, sie durchzunummerieren und sie einfach und präzise zu halten, damit sie den Geist unterstützt und nicht überfordert. Abends sollte sie überprüft und die erledigten Punkte abgehakt werden. Mit etwas Glück wurden alle Aufgaben abgeschlossen, aber wenn etwas liegengeblieben ist, ist das auch nicht schlimm. Es wird am nächsten Tag erledigt. Die Befriedigung, abgeschlossene Aufgaben abhaken zu können, fördert das Selbstvertrauen, ermutigt und gibt Energie für zukünftige Aufgaben. Man kann sich besser konzentrieren und mehr erreichen.“

Der Milliardär glühte vor Begeisterung, als er seinen Satz beendete, fast, als ob er hoffte, von seinem Lehrer ein Fleißsternchen zu bekommen!

Ein weiterer großer Geist hatte das Geheimnis von Herrn Fanning bestätigt.

———

Nach dem Frühstück besuchten die beiden Partner den Gouverneur der Provinz. Als Repräsentant der chinesischen Regierung freute sich dieser immer, Investoren zu treffen und sich nach dem Stand ihrer Geschäfte zu erkundigen. Dieser Kontakt trug dazu bei, die Investoren bei Laune zu halten und möglicherweise weitere Investitionen in die

Region zu fördern. Die chinesische Regierung schätzte Investoren wie kein anderes Land, und dies war mitverantwortlich für den Wachstumskurs, den China in den letzten Jahrzehnten erlebt hatte.

Der Milliardär war der festen Überzeugung, dass China eine kapitalistische Gesellschaft im sozialistischen Gewand sei, während er Indien für eine sozialistische Gesellschaft im kapitalistischen Gewand hielt.

Der Gouverneur war ein ziemlich niedlich aussehender 55-Jähriger, wenn man das so sagen kann. Seine Augen lächelten mehr als sein Mund. Obwohl der Milliardär kein Chinesisch verstand, reichten die aufrichtige Herzlichkeit und die Bemühungen des Gouverneurs aus, damit er sich in diesem Land willkommen und geschätzt fühlte. Fröhlichkeit war ansteckend, vermutete er.

Bevor sie den Rückweg zum Resort antraten, nahm der Mönch den Milliardär mit zu einem Treffen mit dem Obersten Lama. Getreu der Philosophie der Erleuchtung war das Zimmer des Lamas kahl und enthielt nur das Nötigste. Zufällig hatte er gerade seine Meditation beendet, und sein Gesicht strahlte im göttlichen Glanz der Glückseligkeit. Der Mönch hatte ihm oft vom Milliardär erzählt, und der Lama freute sich, endlich diesen visionären Menschen kennenzulernen, der sowohl das finanzielle Potenzial als auch die positiven sozialen Auswirkungen einer Investition in ein Projekt wie dieses erkannt hatte.

Wie viele Angehörige seines Volkes hatte der Lama in seiner Kindheit einige Zeit in Indien verbracht. Aufgrund der Unterstützung, die sie seiner Heiligkeit, dem Dalai Lama, gewährt hatten, hatte er höchsten Respekt vor den Indern. Er bestand darauf, den Milliardär zu einer einfachen Mahlzeit aus Reis und Linsen einzuladen und erkundigte sich scherzhaft, ob der Milliardär zufällig Chutney aus Indien mitgebracht habe. Seit jeher bereisten Inder die Welt als Kauf- und Geschäftsleute und nicht als Eroberer und hatten so ihre Kultur, ihr Essen und ihre Weisheit verbreitet. Seit seinen Tagen in Dharamshala liebte der Lama Mango-Chutney. *Einfache Freuden sind oft die erfüllendsten.*

Während sie auf das Mittagessen warteten und der traditionellen Teezeremonie beiwohnten, sprachen sie über Meditation.

„Laut den alten Weisheiten wird Meditation seit jeher in verschiedenen Formen praktiziert, um den Geist zu beruhigen und die Energie in die richtigen Bahnen zu lenken", erklärte der Lama. „Meditation kann für verschiedene Menschen unterschiedliche Dinge bedeuten. Es gibt diverse Strömungen und Techniken, und jede hat ihre eigenen Vorzüge und Nachteile. Das Ziel ist jedoch immer das gleiche – *den Geist, den Körper und die Seele in Einklang zu bringen.* Daher ist meiner Ansicht nach alles, was dir hilft, Harmonie zu erlangen, Meditation, und ich bin kein absoluter Verfechter der regelmäßigen yogischen Meditation."

Auch wenn jeder die Bedeutung des Wortes Harmonie kennt, wird es relativ selten verwendet. Zur richtigen Zeit ausgesprochen, hat es einen angenehmen Klang. Der Milliardär freute sich, das Wort in diesem Ambiente und in dieser Gesellschaft zu hören.

„Für manche Menschen ist Yoga Meditation, für andere ein Spaziergang im Garten. Manche meditieren beim Singen von Mantras, und andere, wenn sie Kishore Kumars Melodien hören." Diese letzten Worte waren an den Mönch gerichtet, der Bollywood-Melodien liebte. „Tatsächlich kann es auch Meditation sein, seinen Gedanken still nachzuhängen, während man eine Tasse Chai trinkt. Man sollte sich nicht auf irgendwelche Definitionen festlegen lassen, sondern alles, was hilft, diese eine Mikrosekunde Verbindung mit seiner eigenen Seele herzustellen, als Meditation annehmen. Und das ist die mächtigste Quelle für alle Energie und das Glück im Leben. Kümmern Sie sich nicht darum, wie andere Menschen Meditation definieren; Sie allein wissen, was für Sie funktioniert. Halten sie sich daran." Der Lama lächelte und zeigte auf die dampfenden Schüsseln mit Reis und Dal, die vor ihnen abgestellt worden waren.

Die Erklärung des Lamas zur Meditation leuchtete dem Milliardär ein. Er war noch nie in der Lage gewesen, in einer „idealen" Position zu sitzen und zu meditieren. Egal, was er versuchte, sein hyperaktiver Geist schweifte immer ab. Aber wenn die Definition, die der Lama gerade gegeben hatte, stimmte, dann meditierte er jeden Tag, wenn er morgens seine Tasse Tee trank! Seine Chai-Zeit war seine Ich-Zeit, die für ihn richtige Meditation.

Woher wusste der Lama das? Zufall oder göttliche Eingebung? Der Milliardär jedenfalls spürte, dass der Weg zum Glück sich ihm zu erschließen begann.

KAPITEL 3

DIE EINFACHHEIT DES GLÜCKS

„Schönheit ist das Versprechen von Glück."

STENDHAL

„Was ist das für eine Präsentation, mit der du dich jeden Morgen beschäftigst?", erkundigte sich der Mönch, in der Hoffnung, nicht allzu neugierig zu klingen.

„Es ist eine Studie über die Zukunft der Telekommunikationsindustrie und darüber, wie die Menschen weltweit Daten konsumieren", antwortete der Milliardär sachlich, während er weiter auf sein iPad starrte.

„Ist es wahr, dass die Menschheit an einem durch die Digitalisierung und die Erfindung virtueller Welten hervorgerufenen Wendepunkt steht? Ist das das neue Kokain?", fragte der Mönch, wohl wissend, dass er den Milliardär jetzt tatsächlich störte. Aber Fragen stellen war seit jeher das Lieblingshobby des Mönchs. Schließlich hatte er gelernt, dass nur dem, der bittet, auch gegeben wird!

Der Milliardär legte das iPad auf den Tisch und antwortete nach einer Pause: „Es ist gar keine Frage, dass die Erfindung des Smartphones und der virtuellen Welt insgesamt sowohl ein Meilenstein als auch ein Fluch in der menschlichen Entwicklung ist. Sie wird langanhaltende Auswirkungen haben, welche genau, können sich heute noch nicht einmal die besten Köpfe unserer Generation vorstellen. Ich halte es für unerlässlich, dass wir offen sind für neue Technologien, gleichzeitig sollten wir vorsichtig sein. Vor allem müssen wir verstehen, dass die Technologie in unserem heutigen Leben Diener und nicht Herrscher sein sollte. Sie ist ein Werkzeug, das unser tägliches Leben immens bereichern kann, aber sobald die Technologie beginnt, uns zu kontrollieren, müssen wir unsere Beziehung zur ihr neu überdenken.

Jeder weiß, dass die Zeit, die wir vor Bildschirmen und vor allem auf unseren Smartphones verbringen, nicht nur unsere sozialen Gewohnheiten, sondern auch unsere mentalen Fähigkeiten verändert. Unsere Gesellschaft sucht zunehmend Zuflucht in einer virtuellen Existenz, da diese ein Minimum an körperlicher Anstrengung erfordert. Darüber hinaus deuten verschiedene Studien immer mehr die Möglichkeit an, dass diese digitale Überlastung eine Hauptquelle für Probleme wie Angst, Konzentrationsschwäche, Unzufriedenheit und Depression sein kann. Der Drang, regelmäßig auf das Telefon zu schauen, das Gefühl der Zurückweisung, wenn dein Post in den Sozialen Medien keine Likes bekommt, oder der deprimierende Vergleich deines realen Lebens mit dem virtuellen Leben anderer, führt zu schweren psychischen Problemen und verursacht eine Menge Unglück. Es wird daher immer wichtiger zu lernen, wie man *abschaltet!* Ja, das Ausschalten deines Handys wird heute zu einer wichtigen täglichen Aufgabe, so etwa wie das Zähneputzen. Das Telefon nachts neben dem Bett liegen zu lassen, ist reinstes Gift für dein Wohlbefinden. Es mag eine harmlose Angewohnheit sein, aber der Schaden, den sie in deinem Unterbewusstsein anrichtet, ist enorm. Dieser Drang, rund um die Uhr online zu sein und am ‚Zeitalter der Aufmerksamkeit‘ teilzunehmen, raubt uns die einfachen Freuden des Lebens.“

Zeitalter der Aufmerksamkeit? Der Mönch kannte die Steinzeit, die Eisenzeit, das Industriezeitalter und in gewisser Weise sogar das Zeitalter des Kapitalismus, aber den Begriff Zeitalter der Aufmerksamkeit hörte er zum ersten

Mal. In diesem Kontext hatte er jedoch keine Schwierigkeiten, ihn zu verstehen.

„Allerdings ist es schwieriger als es klingt, sich von seinen Bildschirmen fernzuhalten", bemerkte der Mönch und zeigte scherzhaft auf das iPad des Milliardärs.

„Das beweist nur meinen Standpunkt", lachte der Milliardär. „Die Zeit, die wir mit Sozialen Medien, Web-Serien und anderem sinnlosen Konsum digitaler Inhalte verbringen, ohne jeglichen Sinn oder Zweck, verwandelt uns in Zombies. Es führt dazu, dass die Leute sich nicht mehr auf ihre täglichen Aufgaben konzentrieren und ihre Produktivität beeinträchtigt wird. Wir hören von Tragödien, die passieren, wenn Menschen ihr Leben riskieren, um ein Video aufzunehmen oder ein Selfie zu machen. Ich denke, man darf die Dummheit menschlicher Obsessionen nie unterschätzen. Das alles mag gut für mein Geschäft sein, aber in meinem Haus achte ich darauf, dass meine Kinder nur begrenzt Zugang zu Online-Inhalten und strikte Zeitlimits für ihre Bildschirmnutzung haben. Da ich die Nebenwirkungen kenne, sorge ich dafür, dass sie nicht überhandnimmt."

Nach kurzem Überlegen fügte der Milliardär hinzu: „Scheinheiligkeit ist im Kapitalismus gang und gäbe."

Der Milliardär nahm seine Arbeit am iPad wieder auf. Der Mönch schlenderte davon, um zu sehen, warum die frisch angekommenen Touristen im Empfangsbereich die Hymne ihrer Fußballmannschaft sangen. Wahrscheinlich hatte diese ein Match gewonnen. *In der Hotelbranche gab es immer etwas Neues zu lernen.* Er lächelte.

Der Milliardär brauchte eine Pause und beschloss, ein Nickerchen zu machen. Das langsame Tempo im Shangri-La half ihm, Jahrzehnte an verpasstem Schlaf aufzuholen!

Am Nachmittag wollten die Partner zum Pudacuo National Forest Park fahren, um herauszufinden, wie Ausflüge in den Park in das Reiseprogramm der Hotelgäste aufgenommen werden könnten.

——

Die Schönheit des Parks war hypnotisierend. Wogende Wiesen, blaue Berge und schimmernde Seen vereinten sich zu einem perfekten Bild. Uralte Kiefern und Zypressen umrahmten das kristallklare Wasser. Die sanften Hügel steckten voller Leben. Zur Schönheit der Landschaft trug auch der Gesang der Schwarzhalskraniche bei, die glücklicherweise dieses Land zu ihrer Heimat gemacht haben. Diese Erfahrung in diesem Moment war ohne Zweifel eine Erfahrung unverfälschten Glücks.

Die Gedanken des Milliardärs schweiften ab zu dem Beton-Dschungel, den er sein Zuhause nannte – Mumbai.

Er dachte darüber nach, wie die meisten Menschen, die Bewohner des Beton-Dschungel-Reiches, lebten. *Einige von uns lieben die Skylines der Städte, andere hören Musik im Getöse der Stadt, und für wieder andere sind die gastronomischen Genüsse des Stadtlebens unwiderstehlich. Der Schaufensterbummel, das Club-Hopping und das Konzert des Straßenverkehrs gehören einfach zu unserer Existenz. Man kann es lieben oder hassen; es ist da. Trotz allem vermissen wir jedoch die Reinheit der Natur, wie ich sie gerade erlebe. Das ist wahr-*

scheinlich der Grund, warum manche Leute Stickers mit der Aufschrift „Mountains are calling" auf ihre Autos kleben.

Seine Gedanken drifteten weiter.

Die Natur ist die universelle Heilerin. Sie ist eine grenzenlose Quelle des Glücks, und wir Beton-Dschungelbewohner müssen dieses Glück irgendwie in unser tägliches Leben holen. Natur und nicht ihren künstlichen Ersatz zu erleben sollte in unseren Lebensstil integriert werden. Vielleicht können Topfpflanzen, eine lockerere Architektur, das Halten von Haustieren, Zeit für müßiges Betrachten von Sonnenauf- und -untergängen, Spaziergänge und Picknicks draußen und das Hören von Musik, die die Klänge der Natur nachahmt, dazu beitragen, der Natur und ihrer positiven Wirkung einen Platz in unserem Leben zu geben. Selbst diese kleinsten Handlungen können uns helfen, das Nichtssagende vom Bedeutungsvollen zu trennen. Vielleicht ist die Theorie meiner Frau, dass ein Spaziergang im Park die Nerven beruhigen und ein Dutzend Arztbesuche ersparen kann, tatsächlich richtig. Ein einziger Pinselstrich der Natur kann unser tägliches Leben in den Farben des Glücks malen. Amen.

Während ihm diese Gedanken kamen, erkannte er, wie ermächtigend diese Ideen in ihrer Einfachheit waren.

Da sie trotz allem nicht vergessen hatten, dass Eskapismus durch Reisen und Tourismus weltweit eine Milliarden-Dollar-Industrie darstellt, stießen der Mönch und der Milliardär auf ihre Investitionen an!

Die Fahrt zurück zum Resort verlief schweigend. Glück und Schönheit lassen sich manchmal am besten in einsamer Stille genießen.

KAPITEL 4

DIE SACHE MIT DER VERANTWORTUNG

„Die meisten Menschen sind so glücklich,
wie sie es sich selbst vorgenommen haben."

ABRAHAM LINCOLN

Am nächsten Morgen war der Mönch aufgebracht, ja geradezu „unmönchisch". Einige Gäste hatten wertvolles Hoteleigentum mitgehen lassen, als sie in den frühen Morgenstunden ausgecheckt hatten. Verdammte Diebe! Es war ein Fehler gewesen, seinem Freund aus dem Reisebüro, der die Gruppe gebucht hatte, einen Gefallen zu tun. Der Mönch wollte eigentlich absagen, aber die Angst, gesellschaftliche Anerkennung zu verlieren, hatte ihn zurückgehalten, und nun zahlte er den Preis dafür. Der Housekeeping-Manager lief rot an, als der Mönch ihn mit den ausgesuchtesten Schimpfwörtern traktierte.

Der Milliardär hatte gerade seine morgendliche Tasse Chai ausgetrunken und beobachtete aufmerksam, wie sein Partner das Hotelpersonal beschimpfte und respektlos behandelte. Er verstand seine Irritation, aber einen aufgeregten Mönch zu sehen, war, als würde man Zeuge eines lebendig gewordenen Oxymorons. Der Milliardär sagte sich, dass nun ausnahmsweise er an der Reihe war, seinem Partner ein paar Lektionen über das Glück zu erteilen, die er selbst den Geheimnissen des Lebens entlockt hatte.

„Du weißt schon, dass *dankbar sein und keine Vorwürfe machen* ganz wichtig ist, um zum Glück zu finden", bemerkte der Milliardär und kam damit direkt auf das Thema zu sprechen, als sich die Partner zu ihrem Frühstück setzten. Obwohl sich der Mönch inzwischen beruhigt hatte, waren die Spuren des morgendlichen Kriegsgeschreis noch immer auf seinem Gesicht zu lesen.

„Bitte glaub mir: Wenn wir diesen Vorsatz vergessen, beginnt das Leben ziemlich schnell, sich zum Schlechteren zu wenden. Die meisten Menschen werden zustimmen, dass wir eine Menge Zeit damit verbringen, über all die guten Dinge nachzudenken, die in unserem Leben hätten passieren können, aber wegen diesem oder jenem nicht passiert sind. Mal war es die Handlung eines Kollegen, mal ein Ereignis aus der Kindheit, eine Berufswahl, die wir getroffen, oder eine Investitionsentscheidung, die wir nicht getroffen haben. Die Tatsache bleibt: Man kann die Vergangenheit nicht ungeschehen machen. Kein noch so großes Maß an Rache, Beten, Reue oder Wiedergutmachung kann die Vergangenheit ändern; was korrigiert werden kann, sind ihre heutigen Konsequenzen. Außerdem ist es befreiend, zu wissen, dass du und nur du allein die Kontrolle über dein eigenes Leben hast. Das zu verstehen ist wesentlich, um glücklich zu sein. Sobald du anfängst, andere für den Zustand deines Lebens verantwortlich zu machen, gibst du die Kontrolle ab und verzichtest auf dein Recht auf Glück. Wenn du die Verantwortung für deine Handlungen übernimmst, selbst wenn sie sich als katastrophal erweisen, hast du zumindest die Möglichkeit, daraus zu lernen. Wenn du dich jedoch auf das Spiel mit den Schuldzuweisungen einlässt, ist dein Verstand nur damit beschäftigt, eine Liste zusammenzustellen, wer an was schuld war, und kann die Lehren nicht verarbeiten, die er aus der Katastrophe hätte ziehen können. *Es ist daher wichtig, mit den Schuldzuweisungen aufzuhören.*

Es wird oft gesagt, und ich stimme dem voll und ganz zu: Wenn wir alle unsere Probleme auf den Tisch legen und sie mit denen der anderen vergleichen würden, wären die meisten von uns froh, unsere eigenen Probleme wieder zu schultern! Ja, das ist eine seltsame, aber wahre Beobachtung.

Jeder kämpft seinen eigenen Kampf, von dem die anderen nichts wissen, und jeder ist für genau diesen Kampf ausgerüstet. Mit anderen Worten: Deine Sorgen sind genau die richtigen Sorgen für dich. Deshalb ist es wichtig, dankbar für das zu sein, was du hast, und nicht über das zu jammern, was du hättest haben können. Was du hast oder nicht hast, ist auf deine Bedürfnisse zugeschnitten, und diese Großzügigkeit des Karmas solltest du würdigen und schätzen. Um glücklich zu sein, ist es erforderlich zu lernen, dankbar zu sein."

Der Mönch hörte aufmerksam zu, und seine Gesichtszüge entspannten sich, während er aufnahm, was der Milliardär sagte.

„Aber denk daran", fuhr der Milliardär fort, „dankbar zu sein bedeutet nicht, dass du in einem Status quo ohne Ambitionen leben oder den Versuch aufgeben solltest, dich weiterzuentwickeln und im Leben voranzukommen. Es bedeutet nur, dass du die Gegenwart wertschätzen und die Zukunft auf der Gegenwart aufbauen sollst."

Die Erklärungen des Milliardärs ließen den Mönch seinen Fehler erkennen. Die Angewohnheit, anderen die Schuld zu geben, konnte einen auf dem Weg zum Glück lahmlegen. Er war auch froh, seinen Partner in einem neuen Licht zu sehen. Nur ein sensibler Mensch wusste, wie wichtig es war, dankbar zu sein.

Der Mönch entschuldigte sich beim Housekeeping Manager und bedankte sich mit einem Augenzwinkern und einem Lächeln bei seinem Partner dafür, dass er ihm den richtigen Weg gezeigt hatte. Schließlich hatte der Mönch viel, wofür er in seinem Leben dankbar sein konnte.

———

Im Laufe des Tages dachte der Mönch weiter über die Ereignisse des Morgens nach. Er wollte herausfinden, warum der Vorfall ihn so wütend gemacht hatte. Dass Kunden mit Hotelsachen verschwanden, kam regelmäßig vor. Was also hatte ihn dieses Mal zu dieser extremen Reaktion getrieben? Er musste den wahren Grund für seine Wut verstehen. Vielleicht würde ihm ein kurzes Gespräch mit seinem Guruji helfen.

Der Lama hörte sich den Bericht des Mönchs über die Ereignisse des Morgens an. Die Naivität des Mönchs, mit der er die Beschimpfungen, die er dem Hauspersonal entgegengeschleudert hatte, wortwörtlich wiederholte, entlockte ihm ein Lächeln. Einige der Beleidigungen erinnerten ihn an die guten alten Zeiten in Dharamshala, wo Touristen aus Delhi Schimpfwörter praktisch als Satzzeichen verwendeten, aber alle dabei gut gelaunt blieben. Als der Mönch mit seiner Erzählung fertig war, hatte der Lama die Ursache für seine Aufregung verstanden.

„Nun, da du dich entschieden hast, in die kommerzielle Welt zurückzukehren", sagte der Lama mit sanfter, aber fester Stimme, „musst du die allerwichtigste Voraussetzung für Erfolg und Glück im Leben verstehen. Du musst lernen, NEIN zu sagen." Der Lama hielt inne und sah den Vogel an, der sich gerade auf das Fensterbrett gesetzt hatte. *War er etwa auch gekommen, um ihm zuzuhören?*

„Ein Großteil des Unglücks in unserem Leben entsteht, weil uns niemand beigebracht hat, NEIN zu sagen. Die meisten von uns haben Angst, NEIN zu Menschen, Situationen und Beziehungen zu sagen, weil wir Angst vor sozialer Ablehnung, wirtschaftlichen Verlusten oder einfach Angst vor Veränderungen haben. Von Kindesbeinen an wird uns eingeredet, dass JA zu sagen der Schlüssel zu Erfolg und Glück ist, da es neue Möglichkeiten eröffnet. Was uns nicht beigebracht wird, ist, dass NEIN zu sagen nicht unbedingt bedeutet, Chancen zu verlieren. Es heißt lediglich, dass du, nachdem du eine Situation nach bestem Wissen und Gewissen analysiert und weiterhin das Gefühl hast, NEIN sagen zu müssen, das auch tust, und dementsprechend handelst. Lass dich von nichts und niemandem dazu zwingen, JA zu sagen, wenn du nicht dazu bereit bist. Etwas zu tun, nur um jemandem zu gefallen, ist eine gefährliche Form der Schmeichelei und sollte unter allen Umständen vermieden werden. Dein Geist und dein Herz sind aufgewühlt, weil du JA gesagt hast, obwohl du hättest NEIN sagen sollen. Es ist tragisch, wie viele Beziehungen, Karrieren und Situationen wir auf einem Fundament eines unwilligen JA aufbauen. Diese Schimären, die wir erschaffen, nur weil wir nicht in der Lage sind, NEIN zu sagen, blockieren so vieles in unserem Leben. So kann eine Beziehung, die ein NEIN verdient hätte, dauerhaft die Tür zu einer anderen Beziehung schließen, die ein JA verdient hätte. Eine freudlose Karriere kann womöglich ein großes Talent ersticken und so weiter. Wenn du dich umsiehst, werden so viele Leben unglücklich gelebt, nur weil die Menschen nicht den Mut oder gelernt haben, NEIN zu sagen. Du bist es dir selbst schuldig, NEIN zu sagen, wenn es erforderlich ist. Auch bei den drei Affen des Mahatma ging es darum, die Kraft des NEIN-Sagens zu üben. NEIN zu sagen mag vorübergehend wehtun, aber das Glück, sein Leben zu entrümpeln, wird jeden Schmerz weit überwiegen."

Der Lama schwieg, nachdem er seinem Schüler gepredigt hatte. Er blickte auf den Vogel, der den Empfang dieser göttlichen Weisheit zu bestätigen schien, und nach etwas, das wie eine dankbare Verbeugung aussah, davonflog. *Vielleicht wird ihm dieses Wissen in seinem nächsten Leben helfen*. Der Lama lächelte.

KAPITEL 5

LASS DEINEN GROLL LOS

„Eine gute Sache an der Musik:
Wenn sie dich trifft, fühlst du keinen Schmerz."

BOB MARLEY

Der Milliardär war sehr eigen, was seine Morgenroutine betraf. Er wachte um 5 Uhr morgens auf, nahm ein Bad in kaltem Wasser. Er war stolz darauf, dass er selbst bei dem kalten Wetter in Tibet seine kalten Waschungen beibehalten hatte. Damit würde er wahrscheinlich prahlen, wenn er das nächste Mal mit seiner Frau über die Vorteile von Kaltwasserbädern diskutierte.

Anschließend hörte er sich positive Affirmationen an, die sein Vater vor über 20 Jahren für ihn aufgenommen hatte – ein Geschenk von unschätzbarem Wert. Der Milliardär scherzte oft mit seinen Freunden, dass die Investitionen, die er in seine Gesundheit machte, wahrscheinlich seine schlechtesten seien. Er machte kein Yoga oder anderen Sport und begnügte sich mit mentalen Workouts. Mit seiner Tasse Chai in der Hand visualisierte und plante er den kommenden Tag. Er glaubte fest an die Kraft der Visualisierung von Zielen und Herausforderungen.

Zu Hause genoss er es, alltägliche Aufgaben wie Gartenarbeit zu erledigen oder morgens das Frühstück für seine Kinder zu machen; er begann zu verstehen, dass dies wahrscheinlich zu seiner Meditation gehörte.

Die andere Regel, die er befolgte, hieß: keine E-Mails oder Soziale Medien vor 8 Uhr morgens.

Als er sich heute hinsetzte, um seine E-Mails zu checken, begann sein Gesicht tiefrot zu glühen. Eine Zeitung in Kasachstan hatte gerade eine Geschichte von Korruption in den höchsten Kreisen aufgedeckt und explizit den Milliardär im Zusammenhang mit Schmiergeldern, um die Telekommunikationslizenz zu bekommen, genannt. Der Milliardär war wütend. Wie konnten sie die Geschichte so dreist auf den Kopf stellen? Jeder wusste, dass der Milliardär sich geweigert hatte, die Behörden zu schmieren, und das war der Grund, warum sein Antrag immer noch auf Freigabe wartete. Und jetzt beschuldigten sie ihn für etwas, das er nicht getan hatte. Noch schlimmer war, dass sein Joint Venture mit den Investoren in Singapur nun in Gefahr war.

Sensationsmache von Seiten der Medien, um Auflage oder Einschaltquote zu erhöhen, war gang und gäbe, und der Milliardär schon früher mit diesem Ärgernis konfrontiert worden. Da musste auf höchster Ebene gekontert werden. Der Milliardär ließ sich nicht herumschubsen. Er wusste, wie man seinen Groll hegt und pflegt und zurückschlägt, wenn die Zeit reif ist.

Nach einem langen, beschwichtigenden Telefonat mit seinen Investoren in Singapur ging der Milliardär hinunter zum Frühstück. Obwohl es später als sonst war, hatte der Mönch auf ihn gewartet. Kaum hatten sie sich hingesetzt, spürte der Mönch, dass es in seinem Partner brodelte.

„Alles in Ordnung?" Nur drei Worte des Mönchs reichten aus, um die emotionellen Schleusen des Milliardärs zu öffnen. Der Mönch wurde von der Wucht der Gefühle überrumpelt. Heute bekam er so einen Ausbruch zu spüren – anders als gestern, als er die Quelle und das Hauspersonal der Empfänger gewesen war. Das Karma schlug schnell zurück.

„Ich werde sie so verklagen, dass sie nicht mehr wissen, wo oben und unten ist. Die haben keine Ahnung, mit wem sie sich dieses Mal angelegt haben", schimpfte der Milliardär.

Angesichts seines Zustands beschloss der Mönch, den für diesen Tag geplanten Besuch im Songsten-Kloster zu verschieben.

Das traf sich schlecht, denn heute war der letzte Tag, bevor der Oberste Lama, der sich bereit erklärt hatte, den Milliardär zu einem persönlichen Gespräch zu empfangen, ein Schweige-Retreat begann.

Der Milliardär beschloss, den Rest des Tages in Videokonferenzen mit seinem Anwaltsteam und seinen Mitarbeitern zu verbringen. Die Strategie für einen Gegenschlag wurde ausgearbeitet, die Kosten und Konsequenzen abgewogen und das Arsenal bereitgestellt, aber tief in seinem Herzen wusste der Milliardär, wie sinnlos es war, wegen eines Grolls in den Krieg zu ziehen. Unwissenheit sollte zwar angeblich ein Segen sein, aber der Durst des Ego-Dämons musste gestillt werden.

Es war schon Abend, als alles vorbereitet war. Der Milliardär beschloss, einen Spaziergang zu machen. Als er den offenen Hof erreichte, sah er zu seiner Überraschung ein Lagerfeuer und eine Gruppe lokaler Künstler, die sangen und traditionelle Musik auf einer akustischen Gitarre spielten. Der Mönch gab ihm ein Zeichen, sich zu ihnen zu gesellen. Musik war immer eine Wohltat für die Stimmung. Als der Milliardär neben dem Mönch Platz nahm, fiel sein Blick auf ein junges Mädchen von zarter Schönheit und berückender Anmut.

Auch wenn der Milliardär die Worte nicht verstand, gefiel ihm, wie fröhlich die Gruppe sang und um das Feuer tanzte. Nach einer Weile erreichte das Mikrofon das Mädchen, das nach kurzem Zögern aufstand und zu singen begann. Ihr Gesang übte einen unerklärlichen, magischen Zauber aus. Auch wenn der Milliardär den Text nicht verstand, war die Melancholie in ihrer Stimme herzzerreißend. Das Publikum war außer sich vor Rührung. Wahrscheinlich war es die gleiche Art von Zauber, den die legendäre Lata Mangeshkar in Indien verbreitet haben muss, als sie zum ersten Mal den Klassiker *Ae Mere Watan Ke Logo* sang. Das Lied endete, aber zunächst rührte sich niemand, als ob die Zuhörer erst in die Realität zurückgeholt werden mussten. Nach und nach kamen sie wieder zu sich. Aber eines war sicher: Jeder, der das Lied an diesem Abend hörte, wusste, dass er etwas Göttliches erlebt hatte. Weit mehr als nur ein Lied.

„Worüber hat das Mädchen gesungen?", fragte der Milliardär, nachdem er die melancholische Stimme geradezu aufgesogen hatte.

„Lass deinen Groll los", antwortete der Mönch, der ebenfalls im Bann des Liedes stand. „Es ist eine alte Legende, die davon handelt, wie ein idyllisches Dorf wegen eines kleinen Missverständnisses auseinandergerissen wurde, wie der Krieg es verwüstete und eine Spur der Verzweiflung und Zerstörung hinterließ. Alles nur, weil wir Menschen gerne einen Groll hegen. Wir können es nennen, wie wir wollen – Ego, Rache, Ehre oder Neid – was auch immer die Bezeichnung ist, geht es um den Wunsch, sich an jemandem zu rächen, der dir vielleicht geschadet hat oder auch nicht, von dem du aber zweifellos der Meinung bist, dass er dir geschadet hat, und an dem du dich daher rächen willst.

Die Menschen im Dorf verschwendeten wertvolle Ressourcen wie Zeit und Geld und setzten manchmal sogar Freundschaften und Familienbande aufs Spiel, nur um als Gewinner angesehen zu werden. Die meisten standen stattdessen letztendlich als Verlierer da. Das Problem ist, dass Groll ein zweischneidiges Schwert ist", fuhr der Mönch fort, dessen Erklärungen nun über die Interpretation des Liedes hinausgingen. „Es kann in beide Richtungen schneiden, und manchmal schadet die aus einem Groll geborene Handlung dir mehr als deinem Kontrahenten. Tragischerweise sind nicht wenige Ressentiments das Ergebnis eines Missverständnisses, einer Fehlkommunikation oder einer selektiven Wahrnehmung; in Wirklichkeit könnten sie schnell beigelegt werden."

Der Milliardär fühlte sich zunehmend unwohl, während er dem Mönch zuhörte. Er hatte gerade seinen ganzen Tag damit verbracht, Vergeltung zu planen, und hier war eine Geschichte von Rache, die für alle Beteiligten nach hinten losging. Hatte der Mönch das Lied bewusst inszeniert, um ihm eine Botschaft zu vermitteln, oder hatte eine höhere Macht den Abend so gestaltet, dass er lernte, wie sinnlos es ist, einen Groll zu hegen?

„Aber wie soll man sich dann verhalten, wenn einem Unrecht getan wurde?" Aus der Stimme des Milliardärs klang Aufrichtigkeit.

Der Mönch blickte auf die Glut, die noch immer schwelte und einen verlorenen Kampf gegen die kalte Brise führte. Er dachte darüber nach, wie der heiße Tag in eine kalte Nacht übergegangen war. Tibet war wahrscheinlich ein geografisches Wunder, einer der wenigen Orte, an denen man innerhalb von 24 Stunden die extremen Temperaturen von +35 Grad bis -17 Grad erleben konnte.

Nachdem er über die Frage nachgedacht hatte, sagte der Mönch bestimmt:

„Lerne zu verzeihen und zu vergessen. Es ist sinnlos, dein gegenwärtiges Glück zu opfern, um eine Rechnung aus der Vergangenheit in der Zukunft zu begleichen. Das Leben ist zu kurz, um einen Groll zu hegen. Die Zeitungen sind voll von diesen tragischen Geschichten, in denen Menschen und ganze Familien ihre Existenz zerstören und nur dafür leben, ein Unrecht zu rächen. Man sollte sich immer daran erinnern, dass Vergeben keine Schwäche ist. Aber gleichzeitig muss man mutig genug sein, die verletzenden Handlungen eines anderen zu verstehen und eine Erklärung dafür zu suchen. Kümmere dich nicht um das Gerede anderer; sprich offen mit der Person. Du wirst überrascht sein, wie ein Dialog auch die schwierigsten Auseinandersetzungen lösen kann. Erzeuge keine Gerüchte, gib sie nicht weiter und schenke ihnen keine Aufmerksamkeit. Dein Leben ist mehr wert, als anderen als Briefkasten zu dienen.

Außerdem muss man lernen, sich zu entschuldigen. Es hat noch nie geschadet, es zuzugeben, wenn man im Unrecht ist. Es ist keine Schande, sich zu entschuldigen, wenn dadurch die Angelegenheit beigelegt werden kann. Dialog und Schlichtung sind viel effektiver und effizienter als Rechtsstreitigkeiten. Das Geld, die Zeit und der Stress, die für einen Rechtsstreit aufgebracht werden müssen, machen jeden Gewinn, der entstehen könnte, meist wieder zunichte.

Und zu guter Letzt: Entwickle einen Sinn für Humor. Manchmal kannst du dir eine Menge Ärger ersparen, indem du verletzende Kommentare einfach ignorierst oder darüber lachst. Viele Leute meinen gar nicht, was sie sagen, oder vielleicht stehen sie unter Einfluss und wollen dir gar nicht schaden. Wenn du alles ernst nimmst, was die Leute sagen, wird du es schwer haben im Leben. Lerne, sie zu ignorieren."

Der Mönch hatte einiges auf dem Kasten, wenn es um weltliche Dinge ging! Der Milliardär zog einen imaginären Hut, um die Tiefe der Weisheit des Mönchs anzuerkennen. Die Gerichte in Kasachstan konnten ohne einen weiteren Rechtsstreit auskommen.

KAPITEL 6

EIN GESUNDER KÖRPER IST EIN GLÜCKLICHER KÖRPER

„Ich habe einmal diese Definition gehört:
Glück ist Gesundheit und ein kurzes Gedächtnis.
Ich wünschte, ich hätte sie erfunden,
denn sie ist sehr wahr."

AUDREY HEPBURN

Seit 15 Tagen war der Milliardär im Shangri-La und hatte sich gut eingelebt. Da es in seiner Suite WLAN und einen Schreibtisch gab, konnte er sein Imperium bequem von seinem Zimmer aus regieren. Auch sein Körper hatte begonnen, positiv auf die reine Luft, das einfache Essen und die regelmäßigen langen Spaziergänge zu reagieren. *„Mein Körper hat sozusagen begonnen, in umgekehrter Richtung zu altern"*, dachte der Milliardär.

An diesem Dienstagabend war das Hotel ruhig. Weniger Gäste und der wöchentliche Ruhetag des Personals sorgten für eine menschenleere Lobby. Der Milliardär und der Mönch saßen da und vertrieben sich die Zeit, wie zwei College-Kids, die über alles und nichts reden. Es war wie in den sorglosen Tagen ihrer Jugend.

„Ich finde, du siehst schon viel fitter aus, Partner", bemerkte der Mönch.

„Ich weiß! Gerade heute Morgen habe ich bemerkt, dass mein Taillenumfang schon geringer geworden ist. Auch meine Rückenschmerzen sind besser. Ich hoffe, dass ich wieder auf mein Enfield-Motorrad aus meiner Studienzeit steigen kann, sobald ich wieder zu Hause bin", scherzte der Milliardär.

„Sie wissen, dass wir in unserem Klosterleben der Gesundheit viel Aufmerksamkeit schenken", mischte sich eine leise Stimme in das Gespräch ein. Der Oberste Lama war gekommen, um nach seinen Schülern zu sehen, die auf dem Grundstück die Thangka-Malkurse für die Gäste leiteten. Er hatte bemerkt, dass die Partner es genossen, einmal zu faulenzen, und beschlossen, sich zu ihnen zu gesellen.

„Wir Buddhisten betrachten den Körper als eine Leihgabe an uns, und es ist unsere Verantwortung, ihn als Wohnsitz der Seele gesund zu erhalten. Ein gesunder Körper ist ganz sicher eine wichtige Zutat im Glückscocktail des Lebens", fuhr der Lama mit sanfter Stimme fort, während er sich auf dem leeren Stuhl neben dem Kamin niederließ.

„Sie erinnern sich sicher, dass man sich, wenn der Körper krank ist, niedergeschlagen und deprimiert fühlt. Diese einfache Erfahrung reicht aus, um zu erkennen, dass fehlende Gesundheit es schwieriger macht, glücklich zu sein. Es ist daher notwendig, sich bewusst zu machen, wie wichtig ein gesunder Körper für den Glücksquotienten ist und entsprechend mit seinem Körper umzugehen."

Was der Oberste Lama sagte ergab Sinn. Ein gesunder Körper machte tatsächlich glücklich.

„Wir glauben, dass ein gesunder Körper das Ergebnis von drei grundlegenden Komponenten ist: Ernährung, Bewegung und Ruhe. Alle drei spielen eine wichtige Rolle bei der Erhaltung und Verbesserung der Gesundheit. Keine einzelne Komponente ist ausreichend, und alle drei Aspekte sollten ausgewogen sein, um einen fitten und glücklichen Körper zu erhalten. Sie haben sicher schon von dem amerikanischen Ernährungswissenschaftler Victor Lindlahr gehört, der in den 1920er Jahren der westlichen Welt den Satz ‚Du bist, was du isst' gab. *Das bedeutet, dass die Nahrung, die Sie essen, sowohl Ihr körperliches als auch Ihr geistiges Wohlbefinden bestimmt.* Wir in Tibet praktizieren dies schon seit eh und je.

Dieser Satz ist heutzutage noch wichtiger, weil wir von einer Reichhaltigkeit an Nahrungsmitteln umgeben sind, wie sie der Menschheit nie zuvor zur Verfügung stand. Zum ersten Mal in unserer Geschichte essen wir aus Genuss und nicht, um die Bedürfnisse unseres Körpers zu befriedigen. Im Gegensatz zu unseren Vorfahren, die für ihr Mittagessen auf die Jagd gehen mussten, öffnen wir einfach eine Packung, und zack steht das Essen auf dem Tisch! Zu essen ist jedoch nicht dasselbe wie den Körper zu nähren. Der menschliche Körper hat genau definierte Ansprüche, die für ein gesundes Leben notwendig sind. Dem Körper Nahrung zu entziehen kann ernsthafte Nebenwirkungen haben. Sobald wir jedoch anfangen, uns gesund zu ernähren, stellen wir fest, dass sich dies sowohl in unserem Glückshaushalt als auch in unserem körperlichen Wohlbefinden positiv bemerkbar macht.

Das zweite Erfordernis für einen gesunden Körper ist Bewegung. Heutzutage haben die Menschen einen sitzenden Lebensstil. Durch den einfachen Zugang zu Maschinen und Geräten ist unsere körperliche Belastung viel geringer geworden. Sogar Mönche fahren heutzutage in SUVs herum," zog der Lama den Mönch mit einem verschmitzten Lächeln auf. „Dies hat uns erlaubt, geistiger Arbeit nachzugehen und unsere Fähigkeiten diesbezüglich zu verbessern, aber der Körper braucht immer noch ein gewisses Maß an Bewegung. Verschiedene wissenschaftliche Studien haben gezeigt, dass es eine starke Wechselwirkung zwischen körperlicher Bewegung und Glück gibt. Es ist erwiesen, dass Bewegung die Ausschüttung von Endorphinen und anderen Glückshormonen im Gehirn erhöht. Außerdem wird der Spiegel des

Stresshormons Cortisol gesenkt. Selbst Bewegung in geringem Umfang kann eine wichtige heilende Wirkung auf psychische Erkrankungen wie Depression, Angst, Stress und andere emotionale Probleme haben – schon 10 bis 15 Minuten, in denen Bewegung wie Yoga oder ein langer Spaziergang in den Tagesablauf eingebaut werden, sind ein guter Anfang.

Und zu guter Letzt ist guter Schlaf wichtig für den Körper. Wie unsere höchsten Lehrer oft sagen: ,Schlaf ist die beste Meditation.'"

Der Lama schloss seine Augen in Ehrfurcht und dachte an Seine Heiligkeit. Da es eine delikate Angelegenheit sein konnte, den Namen des Dalai Lama auszusprechen, nannte der Lama den Autor dieses Spruches nicht, aber jeder kannte die Vorliebe des Dalai Lama für den Schlaf.

„Unser Schlaf hat einen direkten Einfluss auf unsere körperliche und geistige Gesundheit. Ruhe ist ein wesentlicher Aspekt, der sich auf unser physisches und psychisches Wohlbefinden auswirkt. Auf diese Weise repariert die Natur unseren Körper. Unzureichender Schlaf wurde mit verschiedenen Zivilisationskrankheiten wie Diabetes, Fettleibigkeit, Herzkrankheiten, einem schwachen Immunsystem und einer verkürzten Lebenserwartung in Verbindung gebracht. Schlafmangel ist dabei, sich zu einer heimlichen gesellschaftlichen Gesundheitskrise zu entwickeln. Nachts seine Schlafbedürfnisse zu ignorieren, um weiter den Zielen des Tages nachzujagen, ist gefährlich."

Die wissenschaftliche Präzision, mit der der Lama sprach, hätte den Anforderungen jeder medizinischen Konferenz standgehalten.

„Haben Sie denn Tipps für einen guten Schlaf, Guruji?“, fragte der Milliardär.

„Sofern Sie nicht gerade ein Stadium erreicht haben, das medizinische Hilfe erfordert – in diesem Fall sollten Sie einen Arzt konsultieren – sind die Ratschläge für einen gesunden Schlaf recht einfach. Ich bin sicher, Ihr Partner kennt die meisten davon. Er hat wahrscheinlich einen Doktortitel auf diesem Gebiet“, scherzte der Lama. Der Mönch lächelte.

„Die, die ich praktiziere, sind ganz einfach:

› Achten Sie auf einen regelmäßigen Schlaf-Wach-Rhythmus.

› Gehen Sie ins Bett, wenn Sie erschöpft sind, um zu vermeiden, dass Sie sich stundenlang hin und her wälzen.

› Beschäftigen Sie sich vor dem Schlafengehen mit Achtsamkeitsübungen wie Stricken, Malen oder Lesen.

› Vermeiden Sie Essen, das chemische Zusätze enthält, koffein- oder alkoholhaltige Getränke sowie Nikotin.

› Machen Sie Ihr Schlafzimmer zu einem angenehmen, entspannenden Ort.

› Vermeiden Sie beunruhigende oder stressvolle Gedanken.

› Checken Sie nicht kurz vor dem Schlafengehen Ihr Handy oder sonstige Bildschirme.

Ganz allgemein geht es darum, Ihrem Körper zu helfen, sich zu entspannen und auf seinen eigenen Rhythmus zu hören.“

Nach einer kurzen Pause erhob sich der Lama, schürte noch einmal das Feuer und beendete mit einem Blick auf den Milliardär die Diskussion mit einer Bemerkung, die diesen besonders berührte.

„Zu guter Letzt, denken Sie immer daran, dass niemand Schmerz und Krankheit für Sie auf sich nehmen kann. Medizinischer Fortschritt und teure Behandlungen können Ihre Krankheit und Ihren Schmerz nur vermindern; sie können Ihr Leben verlängern, aber die Qualen und das Elend der Krankheit sind Ihre und Ihre allein. Familie und Freunde können mit Ihnen fühlen, Ihnen moralische Unterstützung und emotionale Sicherheit bieten, aber keiner von ihnen kann Ihren Körper durch seinen eigenen gesunden Körper ersetzen. Der Kampf gegen eine Krankheit ist immer ein einsamer und unglücklicher Kampf."

Obwohl der Lama in seinem typischen sanften Ton gesprochen hatte, waren seine Worte in der Stille des Empfangsbereichs laut genug erklungen, dass sogar die junge Frau, die am Empfang Dienst hatte, sie hören und verstehen konnte. Eine weitere Seele hatte auf unerwartete Weise von der Weisheit des Lamas profitiert.

Von diesem Tag an fügte der Milliardär seiner Morgenroutine 30 Minuten körperliche Bewegung hinzu und schwor sich, die Schlafrituale zu befolgen.

KAPITEL 7

KANN MAN GLÜCK KAUFEN?

„Als ich jung war, glaubte ich, Geld sei das Wichtigste im Leben. Jetzt, wo ich alt bin, weiß ich, dass es tatsächlich das Wichtigste ist."

OSCAR WILDE

Am Nachmittag herrschte ungewöhnliche Aufregung in der Empfangshalle: Eine Gruppe von Wirtschaftsstudenten aus Shanghai war gerade eingetroffen. Der Mönch war im lokalen Wirtschaftsgremium tätig und unterstützte aktiv die Förderung unternehmerischer Fähigkeiten der örtlichen Bevölkerung.

Ob Bienenzucht oder Tee-Vermarktung, er zog oft durch das Land und hielt Vorträge über die positiven Auswirkungen lokaler Unternehmen auf das Leben der Dorfbewohner. Daher besuchten jedes Jahr vier bis fünf Gruppen von Studenten angesehener chinesischer Wirtschaftsschulen Shangri-La, um die Arbeit von dort ansässigen Unternehmen aus erster Hand zu erleben. Dies war eine dieser Gruppen.

Der Mönch hatte eine Idee und sprach den Milliardär voller Enthusiasmus darauf an.

„Du könntest doch heute einen kleinen Vortrag über Geld halten? Die Studenten verstehen alle Englisch, und ich bin sicher, sie werden begeistert sein, einen Milliardär zu treffen und ihm zuzuhören."

Der Vorschlag gefiel dem Milliardär; kulturübergreifende Interaktionen brachten immer eine neue Perspektive für seine Fortbildung, und er begann schon, im Geist Vorbereitungen für den Abend zu treffen. Die Frage war nur, wie er seine Intervention auch wirklich interessant für die Studenten gestalten konnte. Also nannte der Milliardär seinen Vortrag ‚Ja, Glück kann man kaufen', wohl wissend, dass dieser der üblichen Sicht zuwiderlaufende Standpunkt bei dem jungen Publikum Anklang finden würde.

Das informelle Meeting im Speisesaal begann damit, dass der Mönch den Milliardär und seine Leistungen vorstellte. Lauter Applaus begrüßte ihn, als er das Mikrofon ergriff.

„*Tashi Delek*, allerseits. Ich heiße Sie in unserem Hotel willkommen und hoffe, Sie haben einen schönen Aufenthalt", begann der Milliardär.

„Wir alle haben den Spruch ‚Glück kann man nicht kaufen' schon einmal gehört. Was aber, wenn ich Ihnen sage, dass das eine Lüge ist, und dass Geld zu den wesentlichen Komponenten des Glücks gehört? Es mag dem widersprechen, was man Ihnen beigebracht hat, aber es ist die Wahrheit."

Das Publikum hörte gespannt zu.

„Lassen Sie mich das erklären. Sowohl Geld als auch Glück sind viel größere und umfassendere Konzepte als das, was die meisten Menschen darunter verstehen. Glück ist keine Konsequenz von Annehmlichkeiten, und Reichtum beschränkt sich nicht auf den Besitz von Bargeld."

Der Milliardär ließ diesen Satz einen Moment auf seine Zuhörer einwirken.

„Es ist wichtig, zwischen Geld als Konzept und dem rücksichtslosen Streben nach Geld als Handlung zu unterscheiden. Letzteres ist sicherlich nicht wünschenswert, aber Ersteres ist essenziell. Geld ist ein integraler Bestandteil unseres Glücksquotienten. Es ist eine der vielen anderen Komponenten, die einen Menschen glücklich machen. Es ist ein wichtiger Posten, den man in jedem Fall besitzen sollte. Aber ist es die einzige Komponente? NEIN."

Aus dem Publikum ertönten erste Zustimmungsrufe.

„Tatsächlich setzt sich Geld als Konzept aus vier Komponenten zusammen. Sobald Sie diese vier Aspekte kennenlernen, werden Sie erkennen, dass Geld ein viel größeres Konzept ist, als man üblicherweise annimmt, und dass die Verbindung zwischen Glück und Geld unvermeidlich ist. Als ich meine Karriere begann, glaubte ich immer, dass sich Geld aus zwei Komponenten zusammensetzt – Verdienen und Ausgeben. Als Konsequenz war ich nie glücklich, egal wie viel oder wenig Geld ich hatte. Als ich jedoch älter wurde, lernte ich die anderen beiden Komponenten des Geldes kennen. Und seit ich verstanden habe, wie man diese vier Dimensionen integriert, ist mein Leben voller Glück, das durch Geld erkauft wird! Heute werde ich diese beiden meist ignorierten Aspekte mit Ihnen teilen."

Die Erregung unter den Zuhörern war jetzt spürbar. Der Gedanke, unerwartet in die Geldgeheimnisse eines Milliardärs eingeweiht zu werden, ließ die Menge vibrieren.

Nach einem Schluck Wasser fuhr der Milliardär fort: „Die vier Komponenten des Geldes sind:
› Einkommen
› Konsum
› Ersparnisse
› Investitionen

Einkommen, Gehalt, Dividende, Gewinn, Zinsen, Honorar oder Entschädigung beziehen sich alle auf ein und dasselbe. Es ist die Belohnung für unsere Bemühungen, die in Form von Geld oder Naturalien ausgezahlt wird. Es ist das sichtbarste und unmittelbarste Element des Geldes, das wir alle verstehen. Wenn wir arbeiten, werden wir bezahlt. Eine einfache Gleichung. Einkommen allein ist jedoch noch kein Geld. Einkommen ist nur eine der vier Säulen des Geldes. In dem Moment, in dem wir anfangen, Einkommen mit Geld gleichzusetzen, verlieren wir den Überblick. Das ist der Grund, warum man viele Menschen klagen hört, dass sie, egal wie viel sie verdienen, niemals glücklich werden. In Wirklichkeit verstehen sie nicht, dass Einkommen nicht gleich Geld ist. Sie generieren vielleicht Cashflow, aber sie verdienen kein Geld. Einkommen ist das, was man verdient. Es ist eine der Dimensionen von Geld, und Geld selbst ist nur eine Komponente des Glücks. Wie kann man hoffen, glücklich zu werden, nur weil man ein Einkommen hat? Wenn man das weiß, kann man zwischen Glück und Unglück durch Geld unterscheiden. Kommen wir nun zur zweiten Dimension des Geldes, dem Konsum. Damit haben die meisten von uns einige Erfahrung. Manche leben dafür; andere sterben daran!"

Hier und da wurde im Raum gelacht.

„Die meisten von uns betrachten das Ausgeben von Einkommen als die Quelle des vom Geld verursachten Glücks. Wir gehen davon aus, dass wir glücklich sein werden, wenn wir uns kaufen können, was wir wollen. Wenn das Ausgeben von Einkommen uns jedoch nicht glücklich macht, sagen wir schnell, dass man mit Geld kein Glück kaufen kann. Damit machen wir schon zum zweiten Mal den gleichen Fehler, nämlich, nur eine Dimension zur Definition von Glück zu verwenden."

Das Publikum verstand allmählich, worauf der Milliardär hinauswollte, und nickte zustimmend.

„Ironischerweise können, obwohl Einkommen und Konsum allein nicht viel zu unserem Gesamtglück beitragen, das rücksichtslose Streben nach Einkommen und gedankenloser Konsum zu den größten Ursachen von Unglück werden. In der Tat mögen sie also wenig zum Glück beitragen, aber wenn sie missbraucht werden, nehmen sie uns überproportional viel Glück. Ja, es ist eine seltsame Beziehung, und man muss kurz innehalten und diese Wechselwirkung verstehen und analysieren."

Im Publikum war es still. Die Zuhörer mussten wahrscheinlich erst einmal diese gewichtigen Ideen verarbeiten. Der Mönch saß in der Ecke und lächelte. Er wusste, dass das, was die Studenten hier in diesen wenigen Minuten mitbekamen, mehr war als das, was sie in ihren ersten zwei Jahren an der Uni lernen würden.

„Lassen Sie uns jetzt über die zwei geheimen, aber entscheidenden Dimensionen des Geldes sprechen und wie sie zu Ihrem Glück beitragen. Diese beiden Dimensionen sind die eigentliche Quelle des Glücks durch Geld, also hören Sie gut zu", befahl der Milliardär, der sich inzwischen in den Business-Tycoon verwandelt hatte, der er tatsächlich war, und der von seinem Publikum gespannte Aufmerksamkeit forderte und auch erhielt.

„Die Jungen denken, Sparen sei etwas für die Älteren. Die Älteren bedauern, dass sie in ihrer Jugend nicht daran gedacht haben! Da Sparen eine freiwillige Handlung ist, tun es viele Leute einfach nicht. Sparen ist die dritte Dimension des Geldes. Die meisten von uns begreifen den Sinn des Sparens erst, wenn sie die Ersparnisse brauchen könnten.

Und wie man so schön sagt: *Was man in guten Tagen nicht zurücklegt, hat man in schlechten nicht zur Verfügung.* Jeder sollte einen Plan haben, um Geld zurückzulegen, und sich auch diszipliniert daran halten. Man sollte aber Rücklagen nicht mit Investitionen verwechseln, auf die wir später noch eingehen werden. Überprüfen Sie Ihre Rücklagen regelmäßig anhand der folgenden Gesichtspunkte:

1. Liquidität – Rücklagen sollten so angelegt sein, dass Sie schnell und mit möglichst geringen Kosten Zugriff darauf haben.

2. Zugänglichkeit – Rücklagen sollten jederzeit und überall auf der Welt zugänglich sein.

3. Risikofrei – Rücklagen sollten risikofrei angelegt sein und keinen fluktuierenden Marktbedingungen unterliegen. Nur wenn Ihre Rücklagen alle oben genannten Kriterien erfüllen, können Sie sie auch Rücklagen nennen und sich entspannen und glücklich sein."

Der Milliardär war überrascht zu sehen, dass auch der Oberste Lama unter den Zuhörern war. Er zeigte durch ein Lächeln, dass er seine Anwesenheit zur Kenntnis genommen hatte.

„Und schließlich die glamouröse Komponente des Geldes, der Stoff, aus dem Legenden entstehen – Investitionen."

Der Milliardär hatte sein Geld mit Investitionen gemacht, die global neue Maßstäbe gesetzt hatten. Ob revolutionäre Spitzentechnologien oder konservative Wertanlagen, seine Erfolgsbilanz als Investor war beispielhaft. In der Geschäftswelt wurde gemunkelt, dass er ganz alleine Renditen erwirtschaftete, wie sie sonst nur die außerordentlichsten Hedge-fonds-Teams zustandebrachten.

„Um es kurz zu fassen: Investieren heißt, sein Geld so hart arbeiten zu lassen, wie man es selbst tut", fuhr der Milliardär fort.

„In der Finanzwelt bedeutet das Zeitwertkonzept des Geldes, dass Geld im Laufe der Zeit durch die Inflation an Wert verliert. Einfach ausgedrückt: 100 Dollar sind heute weniger wert als 100 Dollar vor 20 Jahren. Wenn Sie sich mit älteren Generationen unterhalten, erzählen die deshalb gerne voll Begeisterung, was sie sich in ihrer Jugend zum heutigen Preis einer Packung Kekse alles kaufen konnten. Vielleicht etwas übertrieben, aber nicht ganz unwahr. Mit der Zeit verliert Geld seinen Wert. Deshalb ist es wichtig, dass Sie Ihr Geld arbeiten und wachsen lassen, damit es mit dem Werteverfall Schritt hält. Ich werde versuchen, Ihnen einige Tipps für Investitionen zu geben. Wenn Sie die Konzepte dahinter begreifen, können Sie sie dann in der realen Welt auch anwenden. Vielleicht sollten Sie sich das aufschreiben."

Einige Leute suchten nach Stift und Papier; andere schalteten einfach ihre Handys ein, um den Milliardär aufzunehmen. *Generation Z*, dachte der Milliardär.

„**Regel Nr. 1**: Risiko-Belohnung: Dies ist die goldene Regel aller Investitionen. Je höher das Risiko, desto höher die Rendite. Jede Anlage bietet eine Rendite, die ihrem Risikoprofil entspricht. Wenn Ihnen jemand erzählt, dass eine Investition so sicher wie eine Bankeinlage ist, aber eine höhere Rendite bietet, ist das eine Lüge.

Je höher das Risiko, desto höher die Gefahr, sein Kapital (investiertes Geld) zu verlieren. Bestimmen Sie Ihr Risikoprofil aufgrund Ihres Alters, Ihrer persönlichen Anforderungen, denen Ihrer Familie und Ihrem Einkommensstrom. Die meisten Menschen neigen dazu, sich wie Mel Gibson in *Braveheart* zu verhalten und ihre Risikofähigkeit zu überschätzen. Seien Sie ehrlich in Bezug auf Ihr Risikoprofil und meiden Sie alle Anlagen, die nicht zu Ihnen passen. Eine Diversifizierung über verschiedene Anlagekategorien hinweg hilft, das Risiko zu streuen. Allerdings bedeutet ein geringeres Risiko auch eine geringere Rendite.

Regel Nr. 2: Die Kapitalrückzahlung (Ihres investierten Geldes) ist wichtiger als die Kapitalrendite (was die Investition Ihnen einbringt).

Regel Nr. 3: Ahmen Sie nicht die Investitionen anderer nach, nur weil sie anscheinend besser abschneiden als Sie. Vergessen Sie nicht, dass jeder ein anderes Risikoprofil und andere finanzielle Ziele hat. Investieren ist ein langfristiger Prozess, dessen Hauptziel der Aufbau von Wohlstand ist, und dieser kann nur erreicht werden, wenn man diszipliniert, systematisch und ausdauernd über einen längeren Zeitraum arbeitet.

Regel Nr. 4: Wenn Sie nicht viel Ahnung haben, vertrauen Sie Ihr Geld immer Experten an, die sich über verschiedene Marktzyklen und Situationen hinweg bewährt haben. Und denken Sie daran: Nichts ist umsonst. Jeder, der versucht, Ihnen kostenlos eine Anlageidee anzudrehen, hat etwas zu verbergen. Verlieren Sie niemals die Eigeninteressen anderer aus dem Blick.

Regel Nr. 5: Nehmen Sie nie einen Kredit für eine unproduktive oder ihren Wert verlierende Anlage auf.

Regel Nr. 6: Denken Sie zu Beginn Ihrer finanziellen Karriere immer daran, dass nicht die Lebenshaltungskosten teuer sind, sondern die Finanzierung Ihres eigenen Lebensstils. Eine gute Regel ist, am wenigsten für Konsum und am meisten für Investitionen auszugeben. Außerdem sollten Ihre Ersparnisse zu jedem Zeitpunkt Ihre Lebenshaltungskosten sechs Monate lang decken können. Bauen Sie sich ein finanzielles Polster auf, bevor Sie investieren.

Regel Nr. 7: Lernen Sie, sich zu kontrollieren, was Ihre Ausgaben betrifft. Minimalismus ist die geheime Quelle der Vermögensbildung.

Und schließlich mein Lieblingsthema, das ich gern an alle weitergebe, die verheiratet sind oder heiraten werden – Schmuck ist keine Investition, sondern Konsum."

Der Milliardär beendete seinen Vortrag mit einer Verbeugung.

Die Zuhörer sprangen auf, klatschten und jubelten. Sie waren sich der Bedeutung des Abends bewusst und umringten den Milliardär für einen Selfie-Marathon.

Am nächsten Morgen war ein Zettel an die Hotelzimmertür des Milliardärs gepinnt:

Ich glaube, jetzt wo ich durch Ihre Erklärungen verstanden habe, wie Geld funktioniert, stimme ich zu, dass man damit Glück kaufen kann, solange man weiß, wo man einkauft! Tatsächlich weiß ich jetzt, dass man durch Geld Glück erwer-

ben kann oder auch nicht, aber niemand wird durch Mangel an Geld glücklich werden.

Sie haben uns gezeigt, dass wir in einer Welt leben, in der Geld ein wesentliches Werkzeug ist, um unser Glück zu gestalten. Wir müssen uns nur daran erinnern, dass es nicht das einzige Werkzeug ist.

Danke,

Der Oberste Lama

KAPITEL 8

HEIMKEHR: DIE GESCHICHTE DES MÖNCHS

„In menschlichen Beziehungen sind Freundlichkeit
und Lügen mehr wert als tausend Wahrheiten."

GRAHAM GREENE

Im Jahr 1993 beschloss eine Gruppe tibetischer Flüchtlinge, die in McLeodgunj in Indien lebten, in ihr Heimatland zurückzukehren. Sie hatten nichts gegen die Regierung Indiens und verehrten Seine Heiligkeit den Dalai Lama wie einen Gott, aber sie waren es einfach leid, ihr Leben als Staatenlose zu führen. Mit dem Segen Seiner Heiligkeit des Dalai Lama wollten sie ihr Leben selbst in die Hand nehmen, und beschlossen, dass es an der Zeit war, in das Land ihrer Vorfahren zurückzukehren und eine neue Existenz aufzubauen. Die Khampa-Krieger, der Clan, dem der Mönch angehörte, war 1959 mit Seiner Heiligkeit als seine offizielle Armee gekommen, aber von dieser glorreichen Vergangenheit blieben heute nur noch Erinnerungen.

Der Mönch, dem eine glänzende Zukunft in der klösterlichen Hierarchie in McLeodgunj bestimmt war, verabschiedete sich von seinem Lehrer und verließ den Orden. In Grunde seines Herzens wusste er, dass er nie dazu bestimmt gewesen war, Mönch zu werden. Dies war seine Chance. Also schloss er sich seinem *Pala* (Vater) an, als die Khampa-Krieger aufbrachen, um in ihrer alten Heimat, Tibet, ein neues Leben zu beginnen.

Überraschenderweise empfing die chinesische Regierung sie mit offenen Armen. Sie bekamen Land und Regierungsjobs. Für die chinesische Regierung waren sie chinesische Bürger, die in die Heimat zurückgekehrt waren. Die Reise zurück in ihre Dörfer war jedoch voller körperlicher und geistiger Herausforderungen und verlangte den Reisenden einiges ab. Sie hatten sich für einen Treck entlang der alten Teehandelsroute entschieden, die im heutigen Myanmar begann, über Kalkutta bis nach Tibet führte und in Pu'er in der Provinz Yunnan im heutigen China endete.

Die Route war ein Zeugnis des Mutes und des Unternehmergeistes des tibetischen Volkes und seine Geschichte reich an Erzählungen und Legenden.

Auf dem 53-tägigen Treck zu ihrem Dorf Gyalthang (tibetisch für Zhongdian) entwickelten der Mönch, damals noch Anfang 20, und sein Pala zum ersten Mal eine Vater-Sohn-Beziehung. Da der Mönch im Alter von vier Jahren in das Kloster gekommen war, kannte er seinen Vater kaum. Diese schwierige Reise war die Gelegenheit, Qualitätszeit mit seinem Pala zu verbringen. Sie sprachen über die Vergangenheit, planten für die Zukunft, zeigten ihre Stärken und legten ihre Ängste offen. Sie teilten ihre Geschichten und ihre Auffassung vom Leben. Es waren schöne Tage in einer hässlichen Situation, und Vater und Sohn genossen es, Zeit zusammen zu verbringen. Wahrscheinlich war es Gottes Art, sie dafür zu entschädigen, dass Pala am 17. Tag nach der Rückkehr in das Haus ihrer Vorfahren zu seinem himmlischen Aufenthaltsort aufbrechen würde.

Der Mönch, der seine Mutter bei der Geburt verloren hatte, fand sich plötzlich als Waise in einem Land wieder, das ihm gehörte, und in dem er doch ein Fremder war. Der Wiedereintritt in die weltlichen Gefilde stellte ihn vor eigene Herausforderungen.

Die Worte des Buddha sollten ihm nun als Leitfaden dienen: „Glaube nichts, weil ein weiser Mann es gesagt hat. Glaube nichts, weil alle es glauben. Glaube nichts, weil es geschrieben steht. Glaube nichts, weil man sagt, es sei göttlich. Glaube nur, was du selbst für wahr hältst."

Eine der Stärken, die der Mönch entwickelte, während er sein neues Leben gestaltete, war seine Fähigkeit, Beziehungen aufzubauen und sie zu pflegen. Er hatte eine natürliche Begabung dafür, Beziehungsprobleme anderer zu lösen. Zuhören, verstehen, verhandeln und sich in andere einzufühlen waren für ihn selbstverständlich. Seine Gabe, die richtigen Fragen zu stellen, seine Bedürfnisse klar zu kommunizieren, und sein Sinn für Humor ebneten ihm immer den Weg.

Der Mönch erkannte, dass Beziehungen das Fundament für das Glück im Leben sind. Als soziale Wesen bewegen wir uns innerhalb von Beziehungen, die wir geerbt oder entwickelt haben. Wie wir mit diesen Beziehungen umgehen, hat einen direkten Einfluss auf unseren Glücksquotienten. Zerstörte Beziehungen können eine schwere Last für unser Glück sein. Angespannte Beziehungen gehören zu den wichtigsten Ursachen des Unglücks in unserem Leben.

Er verstand auch, dass Beziehungen komplex sind, da sie das Ergebnis von zwei Köpfen und Herzen sind, die versuchen, miteinander zu interagieren. Körpersprache, verbale Kommunikation, digitale Kommunikation, geografische Grenzen, vollzogene oder unterlassene Handlungen, äußere Einwirkungen, physische Situationen und viele weitere kontrollierbare und nicht kontrollierbare Elemente beeinflussen und definieren jede Beziehung. Nach jahrelanger Praxis hatte er jedoch den einen Trick verstanden, der alle Beziehungen zu einer ewigen Quelle des Lebensglücks machen konnte: Der Schlüssel für eine erfolgreich Beziehung ist, sich in den anderen hineinzuversetzen.

Der Mönch erkannte, dass Beziehungen, ob zum Ehepartner, zu den Eltern, zu den Kindern oder zu den Bürokollegen, durch diese kleine geistige Übung, die Situation einfach aus der Sicht des anderen zu betrachten und seine Perspektive zu verstehen, viel entspannter und befriedigender werden.

Die meisten von uns sind zu sehr mit sich selbst beschäftigt und versäumen es, der Perspektive der anderen Person den nötigen Wert beizumessen. Aber dadurch vertreiben wir manchmal die wertvollsten Menschen aus unserem Leben und liefern uns so dem Unglück aus – eine weitere menschliche Tragödie.

In einer Welt, die aufgrund von gescheiterten Beziehungen auseinanderfiel, hatte der Mönch seine Nische gefunden. Er begann schnell, dieses Wissen anzuwenden und erwarb einen Ruf als hervorragender Verhandlungsführer. Sein Erfolg bei der Lösung von kleineren und größeren Konflikten, dem Aushandeln von Win-Win-Lösungen und sein Good-Boy-Charme machten die Regierungsbehörden auf ihn aufmerksam, die die Chance sahen, ihn zum Gesicht eines fortschrittlichen Tibets zu machen. Dies öffnete dem Mönch neue Türen, und er wurde in verschiedene Foren und Komitees berufen, um Tibet zu vertreten. So hatte er sich der Handelsdelegation angeschlossen, die nach Kathmandu geschickt wurde, um das touristische Potenzial Shangri-Las zu fördern, wo er den Milliardär traf und ein neues Leben als dessen Geschäftspartner begann.

———

Der Mönch starrte auf sein Meditationsmandala, aber seine Gedanken beschäftigten sich mit den Ereignissen der letzten Wochen. *Faszinierende Wochen. Gerade wenn man das Gefühl hat, alles gesehen und gelernt zu haben, schickt einem Gott einen neuen Lehrplan. Und zwar einen ganz neuen. Die Perspektiven zum Thema Glück, die mir sowohl Guruji als auch der Milliardär in den letzten Wochen eröffnet haben, haben meinen Wissensschatz zum Thema Glück erheblich erweitert.*

Der Mönch erinnerte sich an sein Versprechen, eine Liste seiner ‚Happiness Hacks' für den Milliardär zu erstellen, holte schnell sein Tagebuch hervor und begann, seine Notizen auf ein Stück Papier zu übertragen. *Happiness Hacks.* Der Mönch liebte diesen amerikanischen Slang.

KAPITEL 9

SUCH DIR DEINEN WEG: DIE GESCHICHTE DES MILLIARDÄRS

„Im Wald zwei Wege boten sich mir dar,
und ich ging den, der weniger betreten war.
Dies veränderte mein Leben!"

ROBERT FROST

Der Vater des Milliardärs war selbst ein Industrieller, ein unkomplizierter Mann, der von allen liebevoll Seth Babu genannt wurde. Harte Arbeit, Zeit für seine Lieben und seinem Herrn dienen waren seine obersten Ziele im Leben. Die Familie hatte eine sehr komfortable Existenz in einer Villa, besaß mehrere Autos und eine ganze Armee von Bediensteten in makelloser Livree. Damals war Indien ein sozialistisch geführtes, der Lizenzherrschaft – der *license raj* – unterworfenes Land, aber Seth Babu wusste, wie er seine kommerziellen Interessen fördern konnte. Er war ein gut vernetzter Mann und schaffte es immer, die richtigen Fäden zu ziehen. Als der Milliardär im Jahr 1988 beschloss, sein Studium nach nur 15 Tagen abzubrechen, war sein Vater nicht böse. Er fragte seinen Sohn lediglich nach dessen weiteren Plänen, in der Erwartung, dass er sagen würde, er wolle von seinem Erbe leben. Daher war er angenehm überrascht, als sein Sohn ihm antwortete, dass er nach Bombay gehen und an der Börse arbeiten wolle, und seinen Vater noch dazu bat, keine Beziehungen spielen zu lassen, um seine Karriere zu fördern. Seth Babu war glücklich. „Selfmademan" war der beste Titel, mit dem ein Mann sich in seinem Leben schmücken konnte. Sein Sohn hatte seinen eigenen Weg gewählt.

In der Nacht vor dessen Abreise nach Bombay rief Seth Babu seinen Sohn in sein Arbeitszimmer und gab ihm die einzige Weisheit, die der Milliardär je von jemandem akzeptiert hatte.

„Zu lernen, sein Karriereziel mit Glück in Einklang zu bringen, gehört zu den herausforderndsten Aspekten des

Lebens. Sein Glück für die Karriere zu opfern, ist keine Lösung. Ebenso ist es inakzeptabel, glücklich zu sein, ohne eine anständige Karriere zu haben" sagte Seth Babu in leidenschaftslosem Ton. In seinem Arbeitszimmer Emotionen zu zeigen war für ihn völlig ausgeschlossen.

„Sobald du erkennst, dass Arbeit mehr ist als nur eine Einkommensquelle, wird sich deine Einstellung zu deinem Beruf und zu deinem Leben ändern. So abgedroschen es auch klingen mag, die meisten von uns wählen eine Karriere, weil unsere Eltern es wollen oder weil wir denken, dass wir so ein bequemes, finanziell unabhängiges Leben führen können. Zum Glück hast du dich entschieden, diese Falle zu vermeiden. Denn wenn wir endlich erkennen, dass wir möglicherweise das falsche Leben gewählt haben, haben wir uns entweder bereits zu viele Kredite aufgehalst oder wir haben einfach zu viel Angst, unser Leben zu verändern. Also behalten wir den Status quo bei und machen einfach weiter, planen zwar einen Ausstieg, aber schaffen nie den Absprung. Das geht nicht gut aus, und wir stürzen sozusagen mit dem Flugzeug ab!"

Seth Babu liebte es, Luftfahrtmetaphern zu verwenden. Selbst in seinem Alter und seiner Position verwendete Seth Babu viel Zeit auf sein Hobby, den Flugmodellbau. Und in allen Vorstellungsgesprächen, die er leitete, war die wichtigste Frage immer die nach dem Hobby des Bewerbers. Seth Babu war der Meinung, dass es ein Zeichen von Charakterschwäche sei, wenn ein Mann kein Hobby habe!

„Tatsächlich gibt es erfolgreiche und reiche Menschen in allen Bereichen des Lebens. Menschen, die das Selbstvertrauen und die Fähigkeit haben, sich dem Glück zu öffnen, haben Geld und Ruhm in den unterschiedlichsten Berufen und sozialen Schichten gefunden. Dichter, Schriftsteller, Maler, Architekten, Schauspieler und Sportler haben alle die gleichen Chancen, Geld und Ruhm zu verdienen, wie in konventionellen Karrieren. Das Wichtigste ist, der Beste in seinem Bereich zu sein. Mittelmäßigkeit wird nirgends belohnt, Anstrengung und Spitzenleistung schon. Menschen, die sich entschieden haben, ihrem Herz zu folgen und so lange durchhalten, bis sie es in ihrer Disziplin ganz nach oben geschafft haben, prägen nachhaltig ihre Gesellschaft und ihre Zeit. Geld ist für sie ein Nebenprodukt; das Glück, sich selbst zu übertreffen, ihr wahres Ziel. Denk daran, mein Sohn: Du hast dich entschieden, ein Investor zu werden, also werde der Beste."

Diese letzten Worte klingen dem Milliardär immer noch in den Ohren, wenn er die endgültige Unterschrift unter ein Investitionsgeschäft setzt.

Kaum in Bombay angekommen, fühlte sich der Milliardär in der Welt der Dalal Street wie ein Fisch im Wasser. Seine 32-jährige Karriere vom Jobber bei einem Makler persischer Abstammung bis zum Big Bull und Deal Maker der indischen Börse könnte ganze Handbücher füllen. Während dieser Zeit vergaß der Milliardär nie den Abend in Seth Babus Büro. Seitdem haben ‚Seth Babu Incorporated' und der Milliardär gemeinsam Geld wie Heu gemacht. Seth Babus Instinkt und die Hartnäckigkeit des Milliardärs machten sie zu einem unbezwingbaren Team in der Unternehmensarena.

—

Morgen um diese Zeit würde er wieder in seiner Welt sein, aber was er in den letzten 20 Tagen in Shangri-La gelernt hatte, würde sein Glück für den Rest seines Lebens prägen.

Es war dem Milliardär auch wichtig, seinen Kindern und deren Kindern später einmal dieses Wissen über das Glück weiterzugeben, so wie er die Lebensweisheiten von seinem Vater erfahren hatte.

Mit diesem Gedanken begann der Milliardär seine Notizen aufzuschreiben, wie er und der Mönch es am ersten Tag vereinbart hatten.

KAPITEL 10

ABSCHIED

„Freundschaft ist immer eine süße Verantwortung,
nie eine Gelegenheit."

KHALIL GIBRAN

Der Mönch liebte Mithun Chakravorty, Bappi Da und Bollywood. Er hatte seine Jugend im Indien der 80er Jahre verbracht, und wie jede erste Liebe blieben die Bollywood-Melodien in seinem Herzen verankert. *I am a Disco Dancer* war der erste Song, der einem immer in seinem Auto entgegenschallte; es war der erste Song auf all seinen Playlists.

Während sie zum Flughafen fuhren, besprachen der Milliardär und der Mönch die letzten kommerziellen Aspekte und weiteren Aussichten des Hotels. Der Milliardär war von der Qualität und dem Management des Hotels überzeugt und schlug sogar vor, ein weiteres Etablissement in Lhasa zu eröffnen. Der Mönch versprach, sich nach Möglichkeiten zu erkundigen und sie an das Team weiterzugeben.

Beide wussten, dass sich der Milliardär, sobald er im Flugzeug saß, in seine Arbeit vertiefen und dass der Gedanke an ein kleines Projekt in Tibet die letzte seiner Prioritäten sein würde. Aber beide spielten mit.

Erst als sie die Schnellstraße zum Flughafenterminal erreichten, die letzte Etappe der Reise, verstummten sie. Im Hintergrund lief *Zihal-e-Miskin Mukun ba-Ranjish* aus dem Film *Ghulami*. Der Milliardär hatte den Text des auf Urdu verfassten Lieds nie verstanden. Dennoch, wie an jenem Abend im Hotel, zog ihn die Melancholie von Lata Mangeshkars Stimme immer wieder in ihren Bann.

Der Mönch verstand den Text. Er hatte einmal einen Maulvi, einen islamischen Schriftgelehrten, geradezu angefleht, ihm die Bedeutung dieser Worte des mittelalterlichen Dichters Ameer Khusrau, von Gulzar brillant übertragen, zu erklären:

„Zihaal-e-Miskeen Mukon Ba-Ranjish,
Bahaal-e-Hijra Bechara Dil Hai"
„Sieh mein armes Herz nicht mit Feindschaft an,
Es ist von der Trennung noch frisch verwundet."

Sie wussten beide, dass die vergangenen Wochen selbst für ihr reifes und erwachsenes Leben außergewöhnlich gewesen waren und dass sie nie wieder in ihrem Leben die Chance bekommen würden, eine solche Phase der Selbstbeobachtung und Selbstentdeckung zu erleben.

Als das Gepäck aus dem Kofferraum des Autos ausgeladen wurde, nahm der Mönch ein ordentlich gefaltetes Blatt Papier aus seiner Tasche und reichte es dem Milliardär. Der Milliardär lächelte und gab dem Mönch ein ähnliches Blatt. Der Mönch hatte nicht erwartet, dass der Milliardär sich die Mühe machen würde, seine Lektionen aufzuschreiben, aber es war eben seine Bescheidenheit, die diesen Mann auszeichnete.

Eine Träne fiel, um Danke zu sagen.

Zeit, sich zu verabschieden, Partner!

———

EPILOG

„Auch das wird vorübergehen."

ALTES PERSISCHES SPRICHWORT

Sind Sie glücklich? – Die Frage, mit der die Suche begann.

Sowohl der Milliardär als auch der Mönch betrachteten das Glück als etwas Eigenständiges. Der eine hatte Geld, der andere Wissen, aber leider fehlte beiden das Glück. Als sie jedoch begannen, voneinander und von ihrer Umgebung zu lernen, entdeckten sie, dass das Geheimnis darin lag, zu verstehen, dass *Glück gewonnen und nicht errungen wird.*

Beide stellten fest, dass Glück kein quantifizierbares Ziel ist, das man erreichen kann, sondern ein qualitativer Lebenszustand, den es zu erlangen gilt.

Sie lernten, dass es trotz aller Erklärungen in Wörterbüchern nicht die eine Definition von Glück gibt. Jedes Zeitalter, jede Gesellschaft, jede Religion, jeder Philosoph, Guru oder jeder Einzelne hat ein anderes Verständnis von Glück.

Also, was ist jetzt Glück?

In dieser Geschichte lernen der Milliardär und der Mönch, dass Glück ein harmonisches Einvernehmen zwischen dem Kopf und dem Herzen ist. Es ist ein Gleichgewicht zwischen Ehrgeiz und Heiterkeit. Glück bedeutet nicht, etwas zu opfern oder zu erwerben. Die beiden Partner entdecken, dass das Streben nach Reichtum durch ein minimalistisches Leben Glück bringen kann; dass aber Glück nicht selbst ein Endzweck ist. Sie erkennen, dass Glück der Mut ist, NEIN zu sagen und dennoch die eigene Neugier und Kreativität zu erhalten, indem man JA sagt und offen ist für neue Erfahrungen. Sie begreifen, dass Glück darin liegt, sowohl „Entschuldigung" als auch „Danke" zu respektieren und zu erkennen, dass das Glück von jedem Einzelnen abhängt und doch unabhängig von Anderen ist.

Schließlich entdecken sie, dass Glück doch gar kein so kompliziertes Konzept ist wie gedacht, und dass Glück nichts anderes ist als die Summe der gewöhnlichen Elemente des täglichen Lebens, die gut und mit Dankbarkeit erledigt werden.

Und wenn sie nun gefragt werden ‚Sind Sie glücklich?‘, verstehen beide die Frage wirklich und kennen die Antwort.

ERKENNTNISSE

*„Glück ist, wenn das, was du denkst,
das, was du sagst, und das, was du tust,
im Einklang sind."*

MAHATMA GANDHI

DIE NOTIZEN DES MILLIARDÄRS:

1. Minimalismus hilft dir, sowohl auf mentaler als auch auf physischer Ebene zu entrümpeln.

2. Ein aufgeräumter Geist fördert Konzentration, Beständigkeit und Disziplin in deinem Leben.

3. Alles, was dir hilft, dich mit deinem inneren Selbst in Verbindung zu bringen, ist Meditation.

4. Das Leben im Einklang mit der Natur ist schon an sich eine Quelle des Glücks.

5. Groll zu hegen, ist ein fruchtbarer Boden für das Unkraut des Unglücklichseins.

6. Weise und doch unwissend zu sein, ist wesentlich für das Glück.

7. Niemand kann deine Krankheit oder deine körperlichen Schmerzen teilen.

8. Ehrgeiz, Leidenschaft und harte Arbeit vervielfachen das Glück im Leben.

9. Ein Sinn für Humor ist ein wertvoller Glücksmagnet.

WAS DER MÖNCH ÜBER DAS GLÜCK GELERNT HAT:

1. Gut definierte Ziele sind unerlässlich, um Glück zu erlangen.

2. Eine To-do-Liste zu erstellen, erhöht die Produktivität und stärkt das Selbstvertrauen.

3. Technologie ist ein Mittel zum Zweck und sollte nicht zum Meister werden.

4. Dankbar zu sein für das, was man hat, ist wichtiger, als anderen die Schuld für das zu geben, was man nicht hat.

5. Schuldzuweisungen vervielfachen den Schmerz einer Niederlage.

6. NEIN sagen zu lernen ist essenziell, um glücklich zu sein.

7. Geld = Einkommen + Konsum + Ersparnisse + Investitionen.

8. Beziehungen, die auf gegenseitigem Respekt beruhen, ziehen Glück an.

9. Nur wer bittet, dem wird auch gegeben / Suchen ist der erste Schritt zum Finden.

EIN WORT DES AUTORS

Lieber Leser,

Danke, dass Sie Ihre wertvolle Zeit für das Lesen dieser einfachen Geschichte geopfert haben. Ich hoffe, sie hat Sie dem Ziel näher gebracht, das Sie suchten, als Sie sich für die Lektüre dieses Buches entschieden haben. Das Streben der Menschheit nach Glück ist ewig, und ich hoffe, dass ich Ihr Leben bereichert habe, indem ich meine Ansichten über das Glück mit Ihnen geteilt habe.

Die Entstehung dieses Buches begann schon vor vielen Jahren. Ich hatte das Glück, das Leben in vielen verschiedenen Rollen, Situationen und aus unterschiedlichen Perspektiven zu betrachten und sowohl aus Gutem wie auch Schlechtem zu lernen.

Irgendwo auf dieser Reise wurde mir klar, dass die Schönheit des Lebens in den Widersprüchen liegt, die es bietet. Oft ziehen die richtigen Entscheidungen falsche Konsequenzen nach sich und andersherum. Die bedeutendsten Niederlagen verwandeln sich im letzten Moment in die größten Siege, und obwohl es die Sonne ist, die den Regenbogen bewirkt, gibt ihm der Regen seinen Namen! Deshalb ist es wichtig, immer dankbar für alles zu sein, was das Leben uns gibt, und auch in den anstrengendsten Zeiten einen Sinn für Humor zu bewahren, denn das Leben hat seinen eigenen Kopf, den wir nicht kontrollieren können. Ganz gleich, wie gewaltig eine Herausforderung auch erscheinen mag, der menschliche Wille wird sie immer überwinden.

Der Milliardär und der Mönch leben in uns – in unserem Verstand und unserem Herzen. Jeden Tag sind wir mit dem

Dilemma konfrontiert, die Stimme des Verstandes mit dem Ruf des Herzens in Einklang zu bringen. Der Verstand sieht und das Herz fühlt, und es ist die Harmonie zwischen ihnen, die uns Glück schenkt. Das Glück liegt in der richtigen Mischung.

Ich hoffe, dass das, was Sie in dieser Geschichte gelernt haben, Ihnen helfen wird, diese Harmonie und dieses Glück zu erreichen. *Vergessen Sie nicht: Egal was in der Vergangenheit war oder wo man heute steht, man kann immer neu beginnen – die Zukunft hängt vom Heute ab. Jedes Morgen beginnt heute.*

Sollte Ihnen dieses Buch bei Ihrer Suche nach dem Glück geholfen haben, teilen Sie bitte dieses Wissen mit anderen. Wir müssen anderen beibringen, die Schönheit des Lebens trotz aller Plackerei und täglicher Kämpfe zu sehen, und dass der erste Schritt zu einer glücklichen Welt ein glückliches Selbst ist.

Ich würde sehr gerne Ihre Meinung zu dem Buch hören.

Sie können mir eine E-Mail an vibhor.kumarsingh@gmail.com schicken und Ihre Meinung zu dieser Geschichte mitteilen, oder unsere Website www.vibhorkumarsingh.com für weitere Informationen besuchen.

Vielen Dank, mit besten Grüßen,
Vibhor Kumar Singh

Aus dem Englischen übersetzt von Deborah Druba

© 2020, Vibhor Kumar Singh. Titel der Originalausgabe: „The Billionaire and the Monk" erschienen bei Notion Press, No.8, 3rd Cross Street, CIT Colony, Mylapore, Chennai, Tamil Nadu – 600004, unter ISBN 978-1-64951-604-6

German (Worldwide) edition published by arrangement with Montse Cortazar Literary Agency (www.montsecortazar.com).

© für die deutschsprachige Ausgabe nymphenburger in der Franckh-Kosmos Verlags-GmbH & Co. KG, 2022

Impressum
Umschlaggestaltung Gramisci Editorial Design, München/Claudia Geffert unter Verwendung von 2 Illustrationen von ornavi/shutterstock (Berge) und Zakharchenko Anna/shutterstock (Hotel)

Alle Angaben in diesem Buch erfolgen nach bestem Wissen und Gewissen. Sorgfalt bei der Umsetzung ist indes dennoch geboten. Der Verlag und der Autor übernehmen keinerlei Haftung für Personen-, Sach- oder Vermögensschäden, die aus der Anwendung der vorgestellten Materialien, Methoden oder Informationen entstehen könnten.

Unser gesamtes Programm finden Sie unter **kosmos.de/nymphenburger**

Gedruckt auf chlorfrei gebleichtem Papier

Für die deutschsprachige Ausgabe:
© 2022, nymphenburger in der
Franckh-Kosmos Verlags-GmbH & Co. KG,
Pfizerstraße 5-7, 70184 Stuttgart
Alle Rechte vorbehalten
ISBN 978-3-96860-043-7
Projektleitung und Lektorat: Ramona Imhof
Gestaltung und Satz: Satzwerk Huber, Germering
Produktion: Angela List
Druck und Bindung: CPI books GmbH, Leck
Printed in Germany / Imprimé en Allemagne